香港巴士百年光影

——從公眾電機車、街坊汽車到巴士

The Centennial Journey of Hong Kong Buses:

From Public Motor Cars and Neighbour Vehicles to Buses

By **Cheng Po Hung**

鄭寶鴻 著

目錄

第四章 巴士發展的黃金年代
The Golden age of Hong Kong Bus Development

第五章 其他陸上交通
Other Land Transports

前言
Introduction

港島巴士初體驗

1950 年代初，筆者在父親懷中初懂人性時，第一次乘搭巴士。

巴士緩緩駛過德輔道中，沿途那些建築與人情味——中環街市人聲鼎沸的市井風情、消防局大廈莊嚴的磚紅色外牆、爹核行內惠康辦館的琳琅貨架、工商日報社忙碌的印刷氣息、安樂園餐廳飄散的咖啡醇香，以及郵政總局厚重的西式拱廊——皆如夢幻般「打倒褪」，在車窗外飛速向後流逝，令我感到無比的驚奇及新鮮。

在港島市面上行走的，大部分是「白水箱」型的單層巴士，車尾無標示目的地及路線號碼，乘搭巴士時不時要跑往車頭去探究目的地。

直到 1956 年 2 月，中西區的皇后大道仍作單線雙程行車，可見頻密行「對頭車」的巴士，有若干個東行線的巴士分站設於花布街（永安街）、利源西街及香港大酒店（中建大廈）。部分巴士站鑄有「如要停車、乃可在此」的「香港式妙文」，不時見報，成為多人談論的花邊新聞。

同年 3 月，上環區另一重要巴士總站「水坑口」（水坑口街），則西遷往西營盤正街及東邊街，1962 年 3 月才再遷往堅尼地城。記得位於水坑口街與皇后大道中、西交界，面向現仍保留「有記合燒臘店」所在的樓宇之總站，不時泊有五、六部不同路線的「白水箱」巴士和聚集大量候車的人群。兩旁為富隆茶廳及金華酒家。

而當時，亦可見往來堅尼地城及大坑之間的較大和新型巴士。

▲ 約 1958 年由波斯富街東望軒尼詩道。正中的樓宇現為香港大廈、恒隆中心及皇室堡，右下方為一輛往來灣仔碼頭及柴灣的 8 號線白水箱巴士。

Hennessy Road, looking east from Percival Street, c. 1958. The building in the middle is where Hong Kong Mansion, Heng Lung Centre and Windsor House located today. A 'Tilling-Stevens Express' bus running between Wan Chai Pier and Chai Wan is on the lower right.

▼ 仍為東西雙向行車的皇后大道中，約 1950 年。左方的利源西街前，有一輛停站的「白水箱」型東行單層巴士。

Bidirectional traffic flow on Queen's Road Central, c. 1950. A 'Tilling-Stevens Express' single-decker bus is on the left.

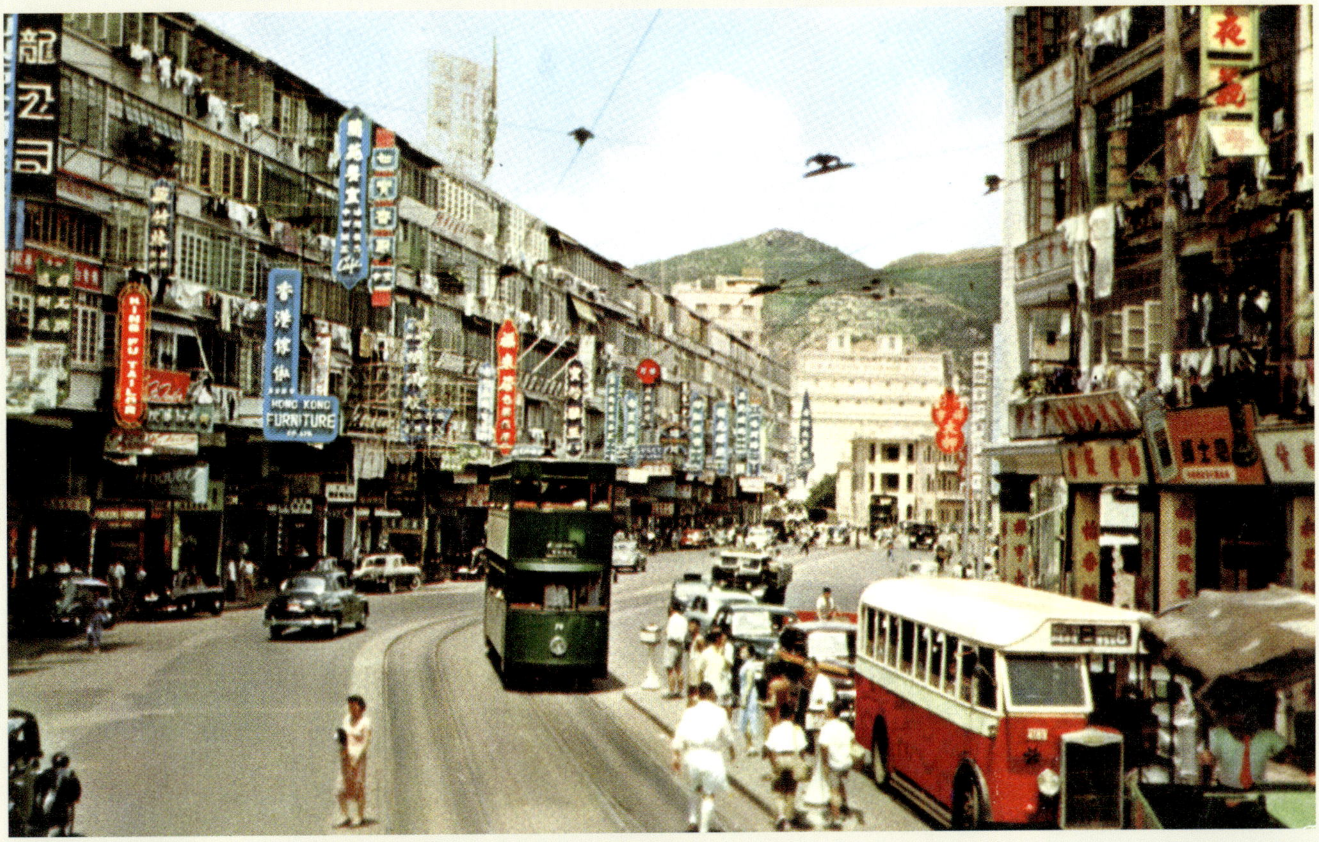
HONG KONG
FURNITURE

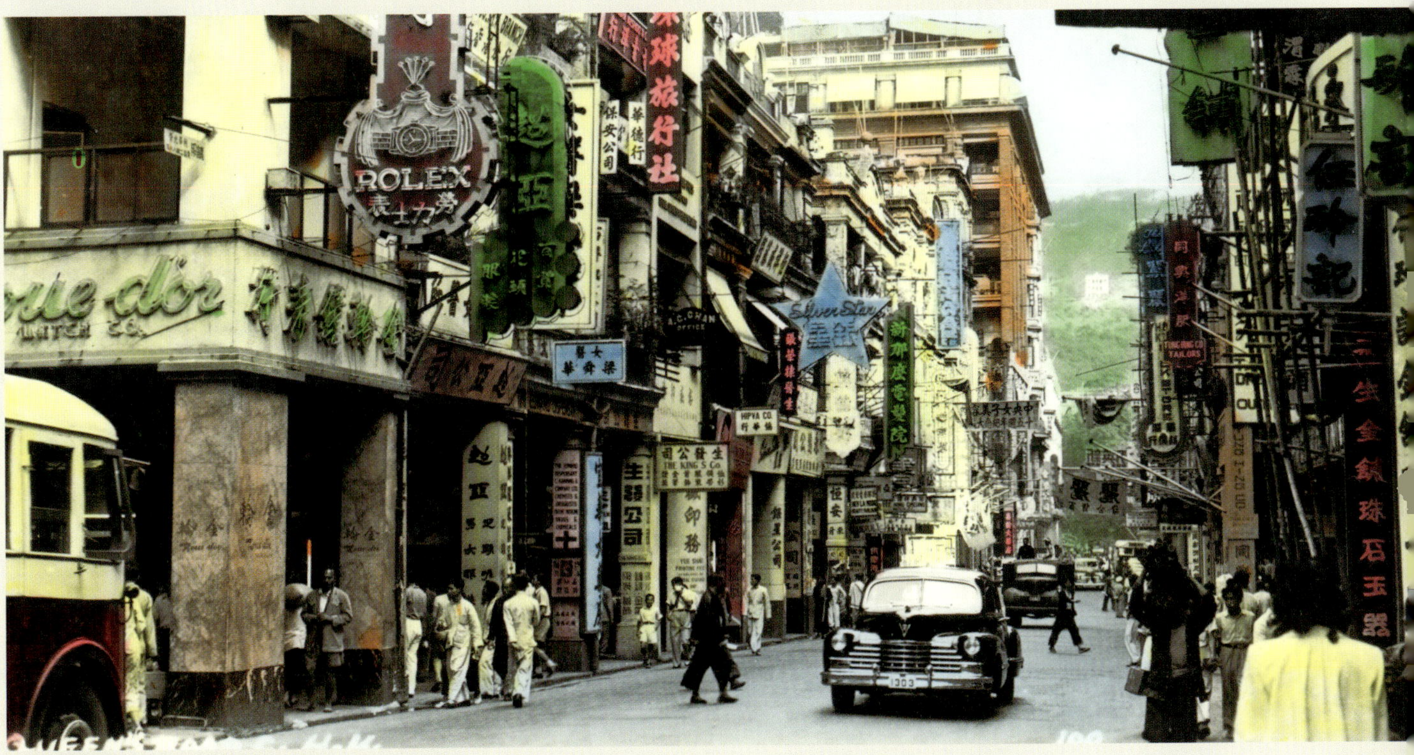
ROLEX
Silver Star

九龍巴士初體驗

第一次經歷九龍巴士的旅程是在 1952 年，舉家前往青山禪院，我們多在此古剎住上一個晚上。一般是乘搭 16 號線，由佐敦道碼頭往元朗的巴士，在青山（屯門）新墟落車。

第一次九龍巴士的歷程恍如劉姥姥入大觀園，可以看到特別規劃的彌敦道，相比彎曲及狹窄的皇后大道，是筆直及無比的寬闊。

在車廂內，搭客的話題主要是快樂、大華、普慶、平安、百老滙及東樂等的多家戲院，其中一間戲院可見《太太有喜》的電影廣告牌。

從售票員手持近十疊不同顏色及價格的分段地點車票，加上父親介紹所經青山道（1970 年代改名為青山公路）的多個地點，如葵涌、荃灣、汀九、深井、青龍頭、大欖涌、青山灣、新墟等村鎮，有初步的認識。公路兩旁，可見大量禾田及菜田和牛羊。迄至 1960 年代，部分青山公路仍為單線雙程行車，遇上意外，塞車三四個鐘頭是平常事。

在當年仍為鄉村的荃灣區，亦見到任合興果子、同珍醬油、金錢牌暖水壺、南海紗廠和香港紗廠等知名的龐大廠房。

在油麻地佐敦道碼頭和巴士總站，除可目睹汽車從渡輪登岸的「奇景」外，亦可見大量不同類型的巴士，最渴望能登上的是 3 號、11 號、12 號及 13 號的雙層巴士，每一輛巴士都仿如一座流動的景點，不少供遊客購買的明信片都以其為主題。

▲ 約 1958 年的租庇利街統一碼頭及中環巴士總站，可見以「白水箱」為主的多輛巴士。

Several buses, notably the 'Tilling-Stevens Express', at the United Pier and Central Bus Terminus, c. 1958.

▼ 駛經德輔道中皇后像廣場及高等法院的巴士，約 1959 年。

A bus passing through Statue Square and the High Court on Des Voeux Road Central, c. 1959.

雙層巴士初體驗

第一次坐上雙層巴士，是於 1959 年學校舉辦前往荔園遊樂場的「旅行」。當天由中環出發，穿過剛開放不久的首條行人隧道（皇后像廣場行人隧道），在新天星碼頭乘小輪抵尖沙咀，搭乘一輛 6 號線的雙層巴士，雖然坐於下層，但已感到很滿足。

觸目的是彌敦道上密麻麻的戰前三、四層高的西式樓宇，以及威菲路兵房（現九龍公園）一帶的兩列多棵大榕樹。彌敦道上的名店有皇上皇臘味、龍鳳茶樓、瓊華酒樓、葉牌恤及美美童裝等，可謂目不暇給，還有一座位於旺角道交界較為古老的旺角警署。

進入荔枝角道不久，便可見深水埗警署和軍營，軍營所在現為麗閣邨一帶，過了軍營另一端的東京街，便可見到多座大小的造船和修船廠。當見到多座儲油庫（現時美孚新邨的所在），隨即抵達夢寐以求的樂園——荔園遊樂場。首程雙層巴士的經歷現仍縈繞腦際，難以磨滅。

筆者居於港島，故此仍以乘搭港島的巴士為主，最羨慕的是可以乘搭 3 號以及 12 號前往半山大學堂及各名校的學生。

每次乘搭機器置於車底的 2 號線新型單層巴士，來往上環至筲箕灣，經過太古船塢現康山一段為大斜坡的西行英皇道時，也感到十分驚險。

時至 1963 年，終於得償所願，搭乘港島的雙層巴士。記得登上第一部為 2 號線的雙層巴士，樓梯位於車廂中部，與九巴位於車尾者不同，裝有若干面鏡子也頗為特別。在上層俯視街上的眾生行人，有「高人一等」的飄飄然感覺，尤其是經過中環街市附近的德輔道中，可以看到第一茶樓等食肆及部分唐樓的內景。

皇后大道中與大道西交界，1977 年。富隆茶廳與正中的金華酒家交界處，於 1950 年代為水坑口巴士總站。

The intersection of Queen's Road Central and Queen's Road West, 1977. The junction of Fu Lung Teahouse and Kam Wah Restaurant (middle) was Possession Point Bus Terminus in the 1950s.

由美利道駛經皇后大道中往半山的單層巴士，約 1959 年。左方美利操場與花園道交界的樹下，有一地下公廁。

A single-decker bus passing through Queen's Road Central, c. 1959. The Murray Parade Ground is on the left. There is an underground public toilet located beneath the tree at the junction of the Murray Parade Ground and Garden Road.

剛駛過皇后戲院前，皇后大道中的一輛大型單層 5 號 A，往堅尼地城的巴士，1961 年。

A large single-decker bus on Route 5A (bound for Kennedy Town) driving past Queen's Theatre on Queen's Road Central, 1961.

20 多年來，從蒐藏若干幀不同時期的巴士相片及明信片可以看到不同公司的各個時期巴士車款，包括香港仔街坊汽車、九龍汽車、大酒店、啟德汽車、電車公司以及中華汽車等，亦翻閱大量相關的文獻和檔案資料，着手對不同時段的巴士作進一步的探索。

2009 年，承蒙香港大學美術博物館垂青，拙著《香江騁懷——香港的早期交通》得以付梓問世。今特從該書擷取有關巴士發展之精要篇章，重新搜集資料佐以近年蒐集之珍貴文獻、檔案史料及未公開歷史圖片，重新編纂成這部《香港巴士百年光影——從公眾電機車、街坊汽車到巴士》。本書系統梳理 1909 年至 2025 年間，橫跨雙甲子的港九巴士服務演變史，為這段承載城市記憶的公共交通發展歷程，作一圖文並茂的歷史註腳。

承蒙摯友巫羽階先生提供照片，以及大量從 1956 至 1962 年有關巴士的大小新聞、員工的動態以及與搭客關係等的剪報。又得蒙收藏家吳貴龍先生提供多張難得一見的早期不同巴士公司車票的圖片，令致內容更加充實，而可讀性亦隨之提高，在此表示衷心的感激及謝意。

鄭寶鴻　謹識

▲ 1969 年的石塘咀。可見一輛由右方的皇后大道西轉入山道的大型巴士。該種機器設於車底的巴士，車頭曾經改造。

A large bus turning into Hill Road, Shek Tong Tsui, 1969. This type of bus was equipped with machinery installed underneath and had been modified at the front.

▼ 約 1969 年的尖沙咀碼頭巴士總站，可見若干輛丹拿 C 型及 AEC 型的巴士。

Star Ferry Bus Terminus, c. 1969. Several Daimler C and AEC buses can be seen in the picture.

▲ 由柯士甸道北望彌敦道，約 1963 年。可見一輛薛頓型單層巴士及其背後的丹拿雙層巴士。

Nathan Road, looking north from Austin Road, c. 1963. A single-decker Seddon bus and a double-decker Daimler bus behind it can be seen in the picture.

▼ 約 1960 年的佐敦道碼頭，可見多輛第一、二代的雙層巴士，以及五十年代的單層巴士。左下方排列多輛有黑白格之「新界的士」，乃「公共小型巴士」的前身。

First and second generation double-decker buses, as well as single-decker buses, at Jordan Road Ferry Pier, c. 1960. Several black-and-white checkered 'New Territories taxis' are on the lower left, which are predecessors of public light buses.

▲ 沙田大埔公路九廣鐵路站前，一輛泊於沙田墟總站的薛頓型巴士。這一帶現時為新城市廣場。

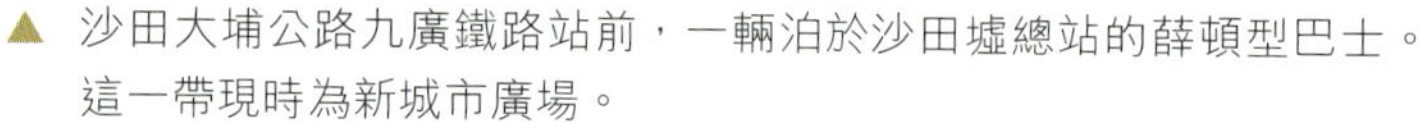

A Seddon bus is parked at Sha Tin Market Bus Terminus, situated in front of the Kowloon-Canton Railway Station. This area is where New Town Plaza stands today.

◥ 由元朗康樂路望元朗大馬路（青山公路），約 1958 年。正中為近大棠路的榮華酒家。右方的 16 號線巴士總站範圍，泊有多輛「亞比安」單層巴士。

Yuen Long Main Road (Castle Peak Road), looking from Hong Lok Road, c. 1958. The Wing Wah Restaurant is in the middle. Several single-decker Albion buses are on the right.

▼ 由登打士街北望彌敦道，約 1972 年。可見兩部駛經豉油街的 Regent 五型巴士。

Nathan Road, looking north from Dundas Street, c. 1972. Two Regent V buses (passing through Soy Street) are on the right.

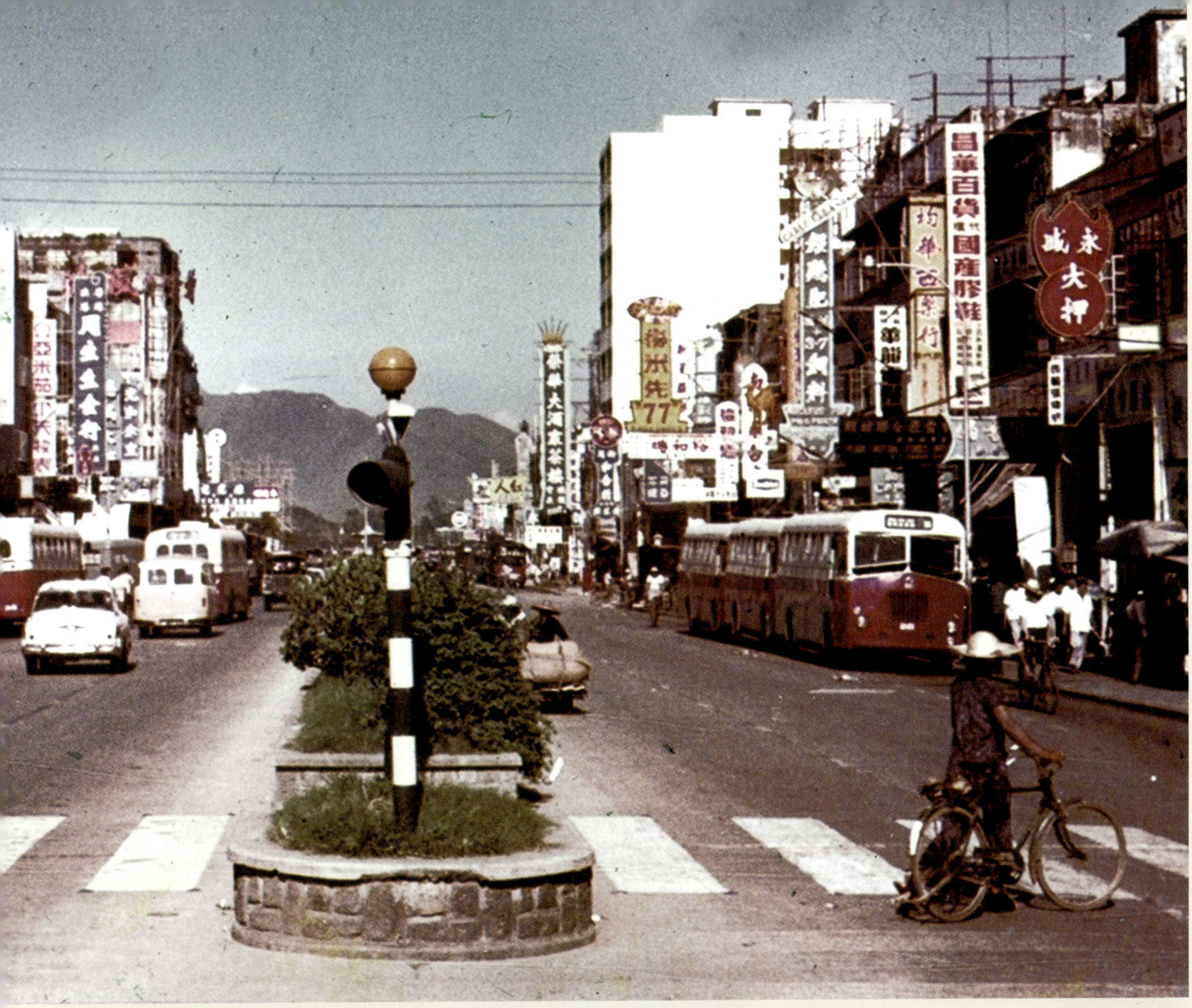
昌華百貨
國產膠鞋
大押

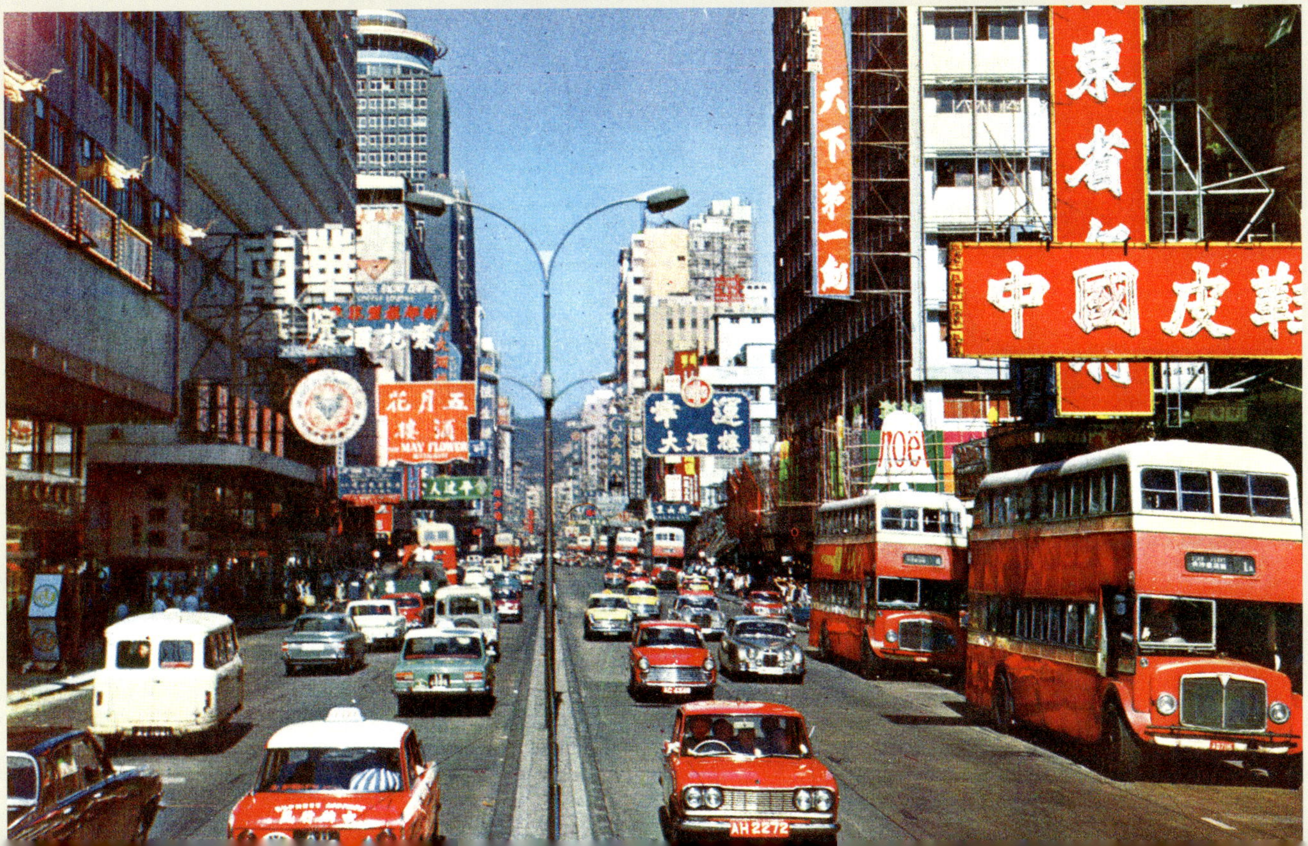
中國皮鞋
MAY FLOWER
AH 2272

▶ 一輛行駛經過喜來登酒店前彌敦道的「三劃黃線」(一人售票的雙層巴士),約 1974 年。

A double-decker bus marked with 'three horizontal yellow lines' passing through Sheraton Hotel on Nathan Road, c. 1974.

THE IMPERIA

KANG LEE & CO.
KANG LEE & CO.
PICTORIAL POST CARDS
HONG KONG CANTON MACAO
CHINESE COSTUMES
SPECIALITY IN COLOURS

第一章

早期陸上交通

Chapter 1 Early Forms of Land Transport

一 早期陸上交通工具

Early Forms of Land Transport

自 1840 年代起的十九世紀，本港的主要陸上交通工具為馬匹、馬車，人力拉抬的獨輪車、木製貨車和轎子及肩輿，以及於 1880 年代，從內地引入源自日本的「手車」（人力車），亦有用作搬運垃圾和用水的牛車等。

1888 年，機動的「登山電車」（纜車）開始行駛，此為顯著的發展。影響到普羅市民的，是 1904 年通車的電車，兩者的早期名稱分別為登山電車及平路電車。

1905 年，電機車（汽車）開始在港九行駛。

1909 年及 1910 年，「公眾電機車」（巴士）先後在九龍及港島提供載客服務。

1948 年 9 月 8 日，《星島日報》刊登一英軍中校在扶輪社講述香港的早期交通，內容如下：

40 多年前（二十世紀初），一般外商的「大班」（東主或司理人），皆置有馬車。唯一擁有汽車者為牙醫羅保醫師，他常駕駛汽車，往來英皇書院附近之住宅與銅鑼灣馬球場（現皇仁書院與中華遊樂會一帶）之間。

他說到，山頂纜車乃史蔑士君所創辦，亦開辦一「山頂酒店」。史蔑士常述及：「上帝創造香港，我則創造山頂。」

▲ 中環街市前的皇后大道中，約 1903 年。左方及右下方的街市外，共有三輛馬車及多部人力車。

Queen's Road Central in front of the Central Market, c. 1903. Three carriages are on the lower right and numerous rickshaws are on the left.

▼ 中環海旁（德輔道中）第一代滙豐銀行前（左）的人力車與轎子，約 1881 年。

Rickshaws and sedan chairs in front of the first generation of HSBC Building (left) at Central waterfront (on Des Voeux Road Central), c. 1881.

在纜車通車之前，有一位庇理羅士君曾在山頂建一磚屋，又養有一匹駱駝，是由印度運至的，用作運送食物登山，後來因其頸項折斷而停止。

早期可以行馬車的道路有皇后大道（被稱為「大馬路」）、堅道及般咸道，稍後伸延至薄扶林道而抵達香港仔。

1883 年報載，灣仔鵝頸地方有一數尺高之斜坡已被夷平，修整後道路平坦，馬車至此不虞翻覆。

馬車前往東區則只能至東角的渣甸倉（現銅鑼灣波斯富街及怡和街一帶），這地段全為渣甸（怡和）洋行的物業。

中區部分大洋行的大班和司理，多置有私家船，僱用水手六、七人搖櫓。渣打銀行司理蘇爾賓，常在黃昏時候，乘船往東區造訪渣甸的大班，其寓所別墅是位於「渣甸山」（現時的利園山）。

▶ 穿簑衣及赤足的車伕和人力車乘客，約 1912 年。車後亦有一幫手推車的童子。

A barefoot rickshaw puller in a straw rain cape and a passenger, c. 1912. There is a boy pushing the rickshaw from behind.

◀ 街轎的公眾轎子，以及稱為街車或手車的公眾人力車，約 1915 年。可見穿着草鞋的轎夫以及人力車伕和推車童子，兩者皆為赤足。

A public sedan chair and public rickshaw, c. 1915. The chair-coolie wears straw sandals, while the rickshaw puller and the boy propelling the rickshaw from behind are barefoot.

▼ 在九龍市郊將豬隻用獨輪車運往街市的少年，約 1898 年。

A young boy transporting pigs to the market on a one-wheeled cart in the outskirts of Kowloon, c. 1898.

HONGKONG.—PUBLIC RICKSHA AND CHAIR.

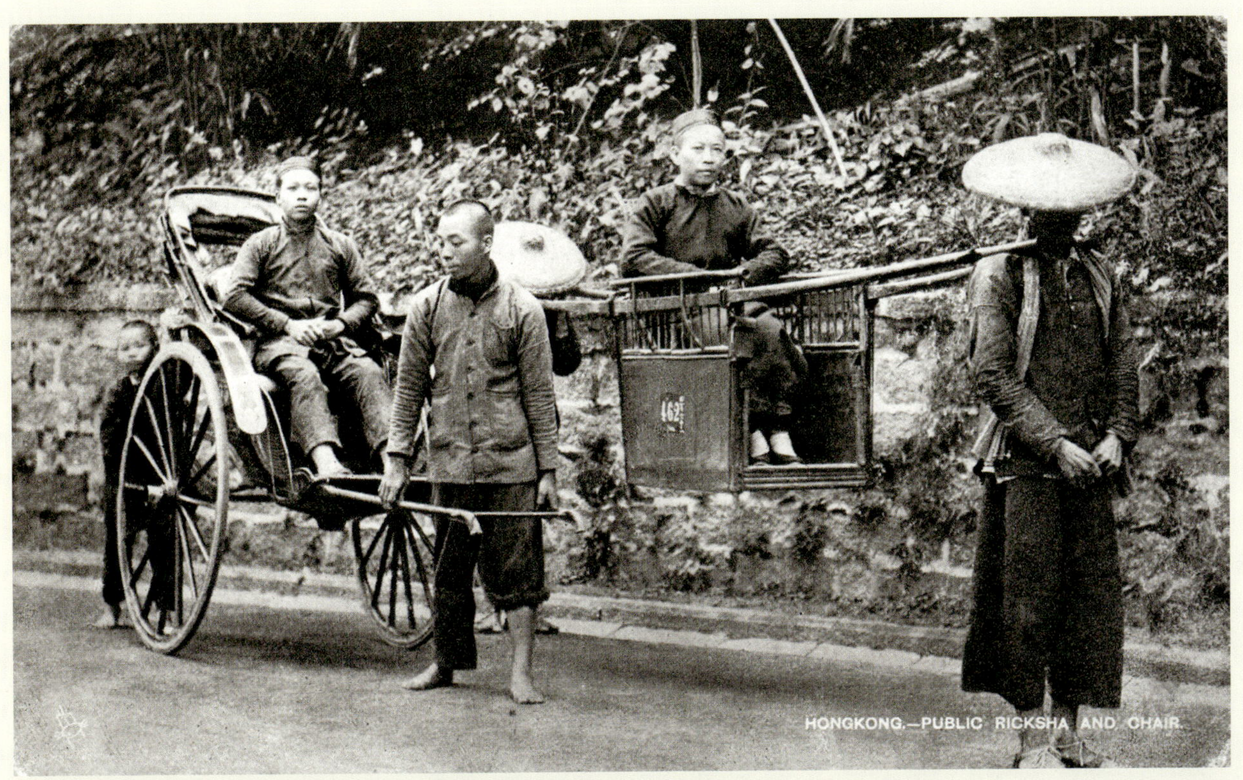

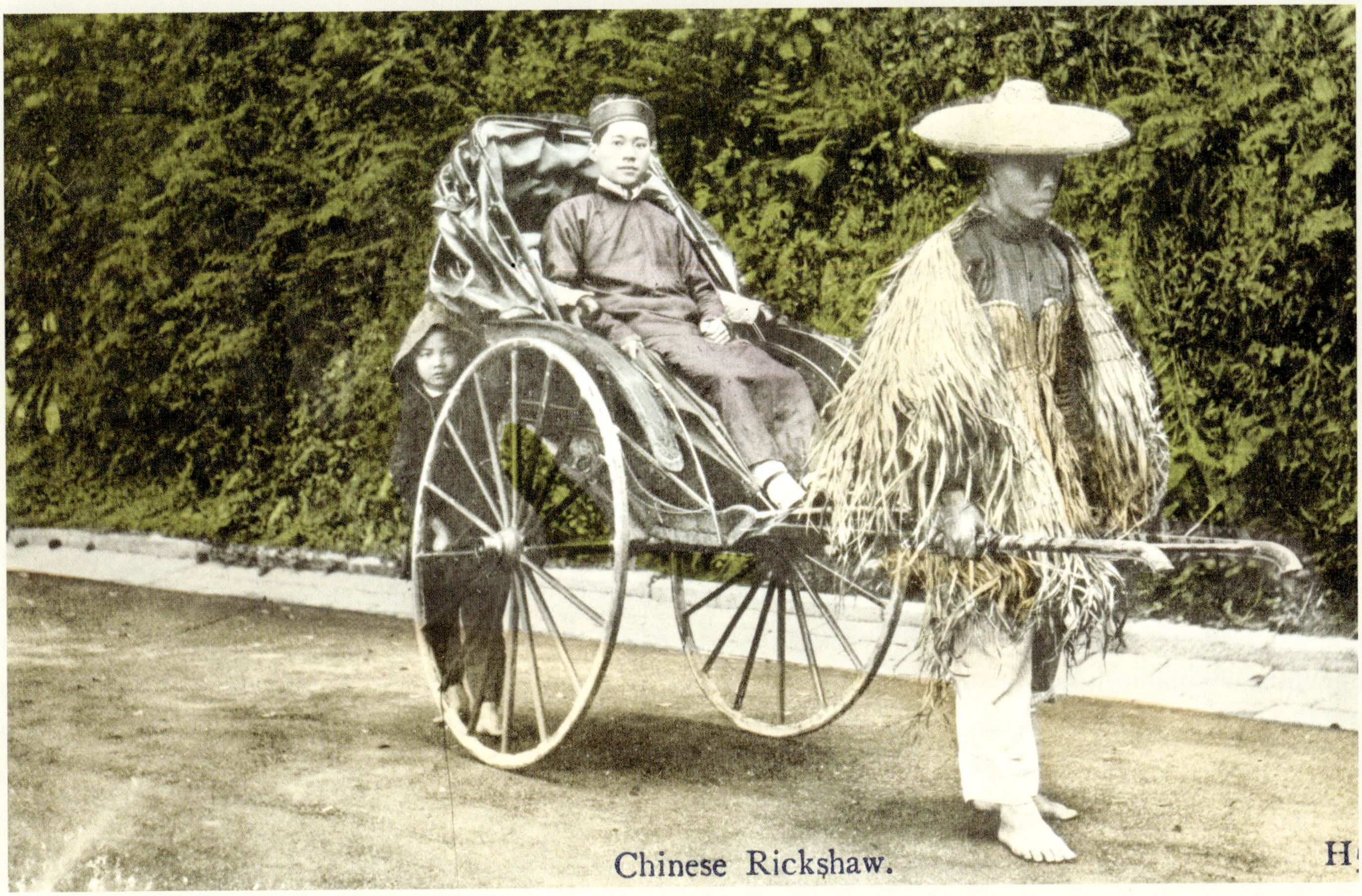
Chinese Rickshaw.

◀ 彌敦道與加連威老道間的一輛運水的牛車，約 1915 年。

A water-carrying ox cart between Nathan Road and Granville Road, c. 1915.

▶ 由都爹利街西望皇后大道中，約 1910 年。路上有多輛人力車，右方的新干諾酒店（稍後易名為丫士打酒店）前，有一部轎子。

Queen's Road Central, looking west from Duddell Street, c. 1910. The road is filled with rickshaws, while a sedan chair is positioned in front of the New Connaught Hotel (right).

Kennedy Road and Peak Tramway, Hongkong.

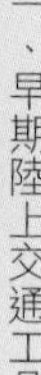

◀ 纜車正經過橫跨堅尼地道的纜車橋，約 1900 年。右上方為佑靈教堂。

The Peak Tram passing through Peak Tram Bridge over Kennedy Road, c. 1900. Union Church is on the upper right.

▼ 皇后大道中的牛拉垃圾車，約 1920 年。右方為戲院里旁的香港影畫戲院，於 1924 年改建為皇后戲院。

A garbage cart pulled by oxen on Queen's Road Central, c. 1920. The Hong Kong Theatre is on the right, which was renovated into the Queen's Theatre in 1924.

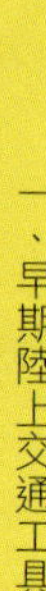

尖沙咀碼頭前的廣場，約 1920 年。可見大量的人力車，正中為人力車候車廊。

Numerous rickshaws near the square of Star Ferry Pier, Tsim Sha Tsui, c. 1920. A rickshaw waiting area is in the middle.

二

二十世紀初的陸上交通

1900 – 1920 Land Transport in the Early 20th Century

1901 年，普羅市民的交通工具是稱為手車的人力車，以及稱為街轎和軟轎的轎子。同年，政府增發 300 輛手車的牌照，專載洋人。

當時，出售、承造和改良手車的有保良局新街（現新街）的廣昇號，以及德輔道西 195 號的時隆。

1903 年，一間開設於黃泥涌，原為山東牛房的忠驊馬房有時款雙單馬車出租，有德律風（電話）設於皇后大道中二奶巷（安和里）口一店舖，打德律風即馬車臨門。

▶ 位於銅鑼灣高士威道的第一代頭等電車，約 1905 年。

The first generation first-class tram on Causeway Road, Causeway Bay, c. 1905.

▼ 一輛位於北角七姊妹泳棚地帶的頭等電車，約 1912 年。

A first-class tram located at Tsat Tsz Mui swimming shed area, North Point, c. 1912.

Electric Car.

1904 年 7 月，「電汽鐵路」(電車) 試行，於 8 月 1 日正式開始行駛。共有洋人車 10 輛，華人車 16 輛，全部為 26 輛。由堅尼地城至畢打街郵驛局為首站，郵驛局至銅鑼灣為第二站，銅鑼灣至筲箕灣為第三站。當時的郵驛局 (郵政總局) 為現時華人行。

票價為頭等 15 - 20 仙，三等 5 仙，稍後減至 3 仙；1918 年回升至 5 仙。標榜票價較手車為廉。

途中的分站還有屈地街、永樂街、書信館 (前身為郵驛局)、軍器廠街、鵝頸 (堅拿道)、跑馬場、馬球場 (高士威道)、覓得波酒店 (北角明園西街一帶) 及新船塢 (太古船塢)。

1904 年登山火車 (纜車) 在報章的廣告，刊明單程為 30 仙，來回為 50 仙，重陽節每 10 分鐘開行一次。

▲ 1906 年 9 月 18 日，丙午風災後，石塘咀堅尼地城新海旁，幾輛被颶風吹至脱軌的頭等和三等（前方）的電車。

Several first-class and third-class trams off track after the 1906 Hong Kong Typhoon in New Praya, Kennedy Town, 18 September 1906.

1906 年，九廣鐵路英段開築由大埔至羅湖的一段八英里地基已築好。

1906 年 4 月，燈籠洲（堅拿道東端）的龍飛馬房，有包括：雙單人馬車、觀音兜車、雙單街馬車、無篷馬車及金山大馬車。乘客可往百步梯（歌賦街）下端皇后大道中志昌金舖借電話，撥 432 號往馬房電召。

馬車亦泊於中環街市前及水坑口（街）。晚間則泊於石塘咀義益街（已消失）口及會芳園酒樓對面。

1907 年，美國軍艦訪港，山頂火車及電車擬加開額外車以供美軍乘坐。

1908 年，某人與婦女共四人，乘馬車至皇后大道中與一苦力所推之貨車相撞，馬斃人無恙。

▲ 橫跨堅拿道東（左）與堅拿道西（右）之「鵝頸橋」（寶靈橋，現為部分的軒尼詩道）上的兩部電車，約 1922 年。橋下的運河（Canal），當局將其譯作「堅拿」。

Two trams on the Bowrington Bridge (now part of Hennessy Road) over Canal Road East (left) and Canal Road West (right), c. 1922.

有馬車伕御四輪馬車候東主，偶劃火柴，全盒燒着，馬見火惶恐奔走，車伕被撞跌致傷，馬在鰂魚涌被截回。

同於 1908 年的 5 月 22 日，有馬車停於中環街市前，主人行開，附近燃放炮竹，該馬受驚即拉車而逃逸。稍後，車翻而壓倒一人力車及壓傷三小童。

同年，開始有「機器車」（汽車）的新聞。包括：有苦力被一「機器車」輾傷足部。亦有：香港「三達（STANDARD）火油公司」，新到鳥約（NEW YORK）超等電油，合各款「電機車」（汽車）之用及點燈照明的廣告。

同年 8 月 21 日，報章刊出：飛龍腳車（單車）店之馬利根氏，被控駕駛「自由車」（汽車），又名「自由電車」，撞壞手車一輛，證人説被告之自由車行駛甚速，被罰五港元。因汽車不須在路軌行駛，所以被名為自由車。

同日，亦有一名工人，於夜間將乘騎之馬放於路上，亦被罰五元的新聞。

數天後的 8 月 25 日，市民朱伯嶽乘坐電機車，在皇后大道東撞倒一女孩，經賠銀予女孩之母被判無罪，但卻擁有另一輛自備車（汽車）未曾領牌，被判罰十港元。朱氏為最先擁有汽車的華人。

9 月 22 日，一婦人在沙田因聽不到司機鳴放汽笛而被汽車撞倒，送到國家醫院時已死去。

1909 年，電車公司在石塘咀之上海酒店（兩年內依次易名為廣東酒店及陶園酒家）旁之三角空地上築電車路環繞，使到達石塘咀之電車可在該處掉頭行駛，毋需費時直駛至堅尼地域才可掉頭。事實上，由石塘咀至堅尼城的一段乘客亦較少。

1909 年，有英兵騎馬經過跑馬場附近，馬受驚而將英兵拋下，沿皇后大道東跑至大佛口法蘭西育嬰堂附近，與一人力車相撞後，再直跑至「水嬉場」（美利道維多利亞泳場）才停下，將之拖回馬房。

同年，新任廣州將軍增祺過港，乘電車公司專車往鰂魚涌參觀太古船塢。

同時，甲乙二人乘腳車（單車）經油麻地廟街；而彌敦道普慶戲院前有一單車練習場。

1909 年 7 月 26 日報載，九龍電機車（汽車）每半年需繳（牌照）費 $24 。

1909 年 7 月 27 日，《華字日報》刊載議政局（行政會議）所定之車輛新章（新規例）部分內容如下，提到有關「公眾電機車」（巴士）：

▶ 通車初期，名為「香港電線車公司」、「香港電車局」和「香港電車」的二仙、三仙、五仙及一角的車票。（圖片由吳貴龍先生提供）

Tickets at 2 cents, 3 cents, 5 cents, and 10 cents issued by the 'Electric Traction Company of Hong Kong Limited' and 'Hong Kong Tramways Limted' during the early stages of operation.

三等客位伍仙
香港電線車公司
堅尼地城至書信館
屈地街至軍器局街
永樂街至鵝頸
書信館至銅鑼灣 或跑馬場
軍器局街至覓得波酒店
鵝頸至新船澳
銅鑼灣至筲箕灣
此票不得交給別人須照
本公司規條而行

三等士車錢弍仙
香港電車局
堅尼地城至屈地街
屈地街至永樂街
永樂街至書信館
書信館至軍器局街
軍器局街至鵝頸
鵝頸至銅鑼灣 或跑馬場
銅鑼灣至覓得波酒店
覓得波酒店至新船澳
新船澳至筲箕灣
此票不得交給別人須照本公司規條而行

上等士車銀弍角
香港電車局
堅尼地城至永樂街
屈地街至書信館
永樂街至軍器局街
書信館至鵝頸
軍器局街至銅鑼灣
鵝頸至覓得波酒店 或跑馬場
銅鑼灣至新船澳
覓得波酒店至筲箕灣
此票不得交給別人須照本公司規條而行

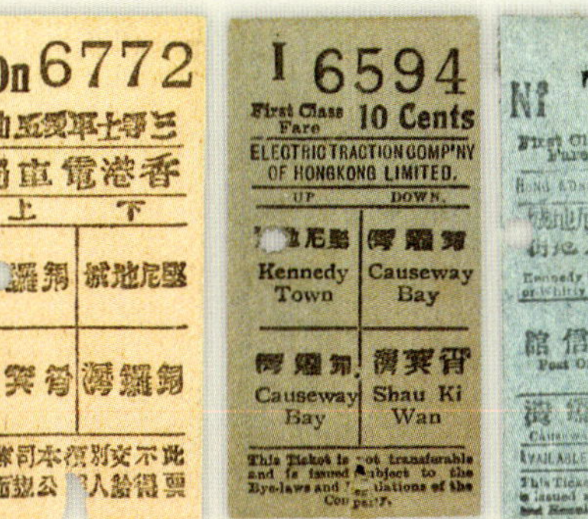

▲ 1910 年 10 月 1 日，九廣鐵路（英段）通車時在梳士巴利道上的人群。左中部為郵政局，上方可見 1881 水警總部。

Crowd on Salisbury Road during the opening of the Kowloon-Canton Railway (British section), 1 October 1910. A post office is on the middle left. The Former Marine Police Headquarters is at the top.

由尖沙咀碼頭至九龍船塢（黃埔船塢）或紅磡之公眾電機車的車資細節如下：

每人收車費一毫，如少於三名乘客，則每人收費三毫。

這是最早的巴士服務，亦是政府最早有關經營巴士的法則。

1910 年，鐵行輪船公司將「英界九廣鐵路」（九廣鐵路英段）之火車頭兩架運抵港，移往紅磡車廠，每架重七十噸。

為配合火車站發展，尖沙咀碼頭將大加整頓，並設置一座人力車避雨篷。

1910 年，九龍拉垃圾之牛已由沙田運到，該批牛隻之前是作鐵路工程者。同年 3 月，九龍共有牛車十四輛，拉運垃圾。

以牛代人拖拉垃圾車，每車用牛兩頭，計一個月內可得回牛價，已在油麻地建廠蓄牛。

3 月 1 日，域多利影戲院之西人二人，提議設立「域多利電機車公司」，置四輪電機車多輛以供人租用，以鐘數計價。亦備四十匹馬力之車一輛，供出租作登山者。又新製成大艇一艘，專載電機車（汽車）來往對海。即為「汽車渡海艇」。

當年，已有自由車或電機車管車人（司機）的職業。

1910 年 6 月 25 日，連日手車（人力車）罷工輟業，前往愉園遊樂場者皆稱不便。由即日下午五時至晚上九時止，有自由車（汽車）兩輛，由鵝頸電車站（現打小人處）常川載客來往愉園，每位收費一毫。1918 年 6 月 24 日馬場大火慘劇之後，愉園仍在報章刊登廣告，指出愉園備有自由車多架，來往鵝頸車站至該遊樂場門口，每位收一毫。稍後，服務停止。此為港島最早的巴士服務。

同於1910年手車罷工期間，有集賢公司向電車公司租電車六架，自晚上十二時至二時半，來往石塘咀至中環街市，每客收一毫五仙，一般往石塘咀「問酒評花」等客，皆稱便利。

1910年10月1日，九廣鐵路（英段），行開車典禮。政府開投在各車站擺賣生果食物的權利。當時的車站計有尖沙咀、紅磡、油麻地、沙田、大埔、粉嶺及羅湖共七個站。

1910年，德輔道中63號飛龍公司，有自行車（單車）及電自行車（電單車）出賃。到了1918年，亦有出售「旁有座椅」的機器自由單車（電單車）的廣告。

1911年3月，本港飛船（飛機）會，在新界沙田村海旁試演飛船（飛機升空表演），九廣鐵路公司特備專車（火車）往來尖沙咀至沙田站，車費特廉。

3月27日，在包括港督盧吉夫人及多人見證之下，飛機升空，高度為60尺。

1911年10月4日，由廣州至九龍之直通火車開始，每日開直接快車兩次，憑票可免費乘搭天星小輪。

1911年12月21日，由粉嶺至沙頭角之火車支路（支線），今日開行，車票在火車上發售。

1912年5月21日，前總統孫中山先生來港，華商會所用加冕公司之「勃勃車」（私家車）接送。

1913年，不少人被「砵砵車」（電機車）撞倒。

同年，港督梅軒利制軍之自由車司機余義，被某洋人控告，指其在花園道駕車疾馳幾乎將其車撞倒，被判罰款五元。裁判司稱，身為港督之司車人，應作為守法律之好樣辦，以作為一般司自由車者之模範。

1915 年，有洋婦在自由車上產子，為當時之奇聞。

1916 年，有少年攜妓女三人，僱安樂公司自由車第 77 號，往包括香港仔等地遊車河共三小時，惟無法繳付 $16.25 的車費，被告上法庭。

1916 年 3 月 23 日，首部向英訂造之救火自由車（消防汽車），於昨日運到，今後可減少人力。10 月 7 日，有消防隊救火汽車撞斃人命的新聞。

1916 年，當局規定轎子及手車（人力車）的收費，由每一刻鐘（15 分鐘）一毫起，按不同地區收費有異，山坵（山頂）及域多利亞城外的收費較貴，行走大埔道（公路）的手車要額外加費，轎子分有二人及四人抬之兩種。

以下介紹港九的三間經營出租自由車之公司：

1916 年 10 月 7 日，尖沙咀廣東道 21 號飛鷹自由車公司，定出由一站至另一站的車資，單程由 $1.20 至 $3 不等，往新界則為每小時 $4。

1916 年，遠東公司自由車乘客有贈品，車房設於德輔道中 24 號及石塘咀皇后大道西 451 號。

亦有一淩風自由車公司，位於德輔道中 59 - 61 號及石塘咀。

1918 年，電車公司設電車專車，於每日下午五時起，往來石塘咀及位於北角，同年開業的名園遊樂場隨站上落，每十六分鐘一班，尾班車於下午十時四十四分，由名園開出。

▲ 通車初期的蒸汽火車，約 1915 年。

A steam locomotive in the early days of operation, c. 1915.

▶ 約 1916 年，由梳士巴利道望廣東道。右方上落 1881 水警總部的堤道現時已被夷平。正中的九龍倉建築現為海洋中心。左方現星光行所在的樓宇的店舖，有單車店及一飛鷹自由車公司。

Canton Road, looking from Salisbury Road, c. 1916. The embankment on the right leading up to the Former Marine Police Headquarters has now been leveled. The Kowloon Wharf in the middle has transformed into the Ocean Terminal. The shops on the left are now where the Star House is situated.

1918 年 10 月 19 日，華商為英國紅十字會籌款，在太平戲院演全女班粵戲。民國自由車於每晚十二時後送客，每張車票為五毫，此為變相的巴士。

德輔道中 145 至 147 號，華商域多利汽車公司，提供文明結婚花車（被稱為「摩登花轎」）。

1918 年底，名園開大馬戲，若購買共十五元，六人的廂房票，有安樂自由車接送。若購二元五角的入場券一張，則扣除來回電車費共二毫。

1919 年，有用「電氣病人車」（汽車救護車）將傷者送院的新聞。之前是用人手擔架牀運送傷病者。

1919 年，電車公司述及曾於 1913、1914、1916 及 1918 年申請在九龍開設電車，但被政府否決，當局指出因九龍道路阻塞甚多，若行駛電車，足以阻礙闢路工程。

6 月 1 日，尖沙咀碼頭前有人力車室兩所，每所可容手車兩輛，現正增設一所。

同日，警察司公佈要繳交牌餉（牌費）的下列交通項目，包括：私家氣（汽）車、租賃氣（汽）車、電氣單車、貨車。亦包括駕駛電氣車（汽車）及駕駛電氣單車（電單車）者（司機）。

早於 1916 年 5 月 1 日，廣九鐵路（廣州至九龍）之九龍尖沙咀新站落成，將為全球最重要鐵路之尾站。一待粵漢鐵路完成，即可由香港至中國北方而達歐洲；惟尖沙咀總站之鐘樓仍未有時鐘。

到了 1921 年 3 月 23 日，九廣鐵路之電力時計（時鐘）已運到，於 3 月尾安裝於鐘樓。

1921 年 2 月 18 日，定例局（立法會）招人承辦九龍之自由車交通（巴士）。

▲ 九廣鐵路尖沙咀總站，約 1918 年。鐘樓上仍未有時鐘，要待 1921 年才裝上。

The Kowloon-Canton Railway Terminal, Tsim Sha Tsui, c. 1918. The clock was not installed on the Clock Tower until 1921.

5 月 10 日，承辦九龍載客自由車（巴士）之投票尚未揭曉，聞電車公司及「聯合機器公司」亦有投票，電車公司正等候政府之答覆。

6 月政府仍就載客自由車與某公司繼續商議，若見諸實行亦屬私人事業，政府不予資助。

1921 年 6 月 9 日，紅磡火車站停用。

6 月 21 日，警察司報告，在九龍及新九龍（包括深水埗及九龍城）分為五區，安裝電話以方便居民人等，遇有急事或無車可僱時，可打電話往不同地區電召手車（人力車）。

第一區：「顏成坤手車棧」，電話號碼「九龍 No. 11」，設於尖沙咀廣東道 112 號。

第二區：「顏六手車棧」，電話號碼「九龍 No. 71」，設於油麻地廣東道 142 號。

第三區：「茂豐手車棧」，電話號碼「九龍 No. 361」，設於旺角及深水埗砵蘭街。

第四區：「周雨亭手車棧」，電話號碼「九龍 No.527」，設於紅磡曲街 41 號。

第五區：「周雨亭手車棧」，電話號碼「九龍 No.527」，人力車棧則設於九龍城。

以上是由 1900 年至 1921 年港九的巴士尚未全面發展期間，市面上的人力、馬牛力及機動車（汽車）、電車、火車以至登山電車（纜車）等和市民的關係，以及交通工具不同時期的進展。

▲ 皇后大道中 1 號，第二代滙豐銀行前，一輛有載客旁座的電單車，約 1915 年。

The second generation HSBC Building at 1 Queen's Road Central, c. 1915. A motor bike with a side car can be seen in front of the building.

FERRY

第二章

公眾電機車及早期巴士

Chapter 2 Public Motor Cars & Early Buses

三 公眾電機車年代

Buses on Hong Kong Island: 1921 – 1933

1921 年 8 月 13 日，《華字日報》刊載，由本年 6 月起開行之「香港仔街坊自由車運客公司」(稍後改名為「香港仔街坊汽車公司」的街坊汽車（巴士)），共有三架，即日再向英國及美國各訂購兩架。股東為香港仔之街坊，由伍明暢任司理。辦事處設於香港仔西安街 1 號及皇后大道中 334 號誠和堂藥材行。

同年 10 月 3 日報載，該街坊汽車的總站設於西營盤鹹魚欄干諾道西與東邊街交界，於早上七時啟行往香港仔，途經大學堂、大口環、基督教墳場、心光盲人院、雞籠灣、薄扶林牛奶公司、薄扶林差館、香港仔華人永遠墳場及石排灣。車費為頭等 25 仙，二等 15 仙。每輛可坐壯年之苦力 12 人，後來的新車座位增至 20 餘人。學童的來回車費為每人每月三元。該公司又決定開辦一間義學。

◀ 自 1910 年開始，由鵝頸（堅拿道）車站往來愉園遊樂場的自由車（巴士）服務，到了 1918 年馬場大火後的 5 月，仍然維持。

There were bus services operating between Canal Road and the Happy Retreat since 1910. The service continued even after the Happy Valley Racecourse fire in 1918.

▶ 1923 年 11 月 23 日，北角名園遊樂場至石塘咀，名園公眾汽車的廣告，並附停車地點。

An advertisement of the omnibus service running from Ming Yuen Amusement Park in North Point to Shek Tong Tsui, 23 November 1923.

▲ 石塘咀山道，由德輔道西向南望，約 1928 年。最高的是金陵酒家。右方的廣州酒家有一「ALL BUSES STOP HERE 停車處」的標示牌。

Hill Road in Shek Tong Tsui, looking south from Des Voeux Road West, c. 1928. The tallest building is the Jinling Restaurant. The Guangzhou Restaurant on the right displays a sign that reads 'ALL BUSES STOP HERE'.

由 1921 年至 1941 年，香港大酒店附屬之「香港大酒店汽車有限公司」，開辦中環至大浪灣（淺水灣）的巴士路線，在畢打街與皇后大道中交界設總站，因巴士的外觀為黑色，被稱為「黑巴士」。該公司亦代理多種汽車及貨車。

1922 年 3 月，海員大罷工期間，政府借用香港仔街坊汽車、大酒店汽車，以及各摩托車（汽車）公司之摩托車，以載兵及警察。

1923 年 7 月 21 日，有北角名園遊樂場自辦的 14 座位公眾汽車（巴士）四架，行駛該遊樂場（現英皇道及糖水道一帶）至石塘咀屈地街，沿途可上落客，每位收三毫，稍後減至兩毫。行車時間是由下午五時起至凌晨一時，以便往塘西風月區消閒的飲客。上落站設於名園、中環街市、上環街市、三角碼頭至石塘咀大道西與山道交界的頤和酒家。欲上車者舉手，落車則按電鈴。

1924 年 5 月 1 日，一家由東亞銀行李子方，以及南洋煙草公司等人任董事的「香港九龍新界汽車運載有限公司」招股，說明其主要業務為向政府投取專利權，用汽車（巴士）運載客貨往來各地，但後來再無消息。

5 月 12 日，一間設於德輔道中 28 號二樓，原安樂自由車公司原址的「安樂輸運汽車有限公司」成立，專營汽車出售及租賃業務，指稱獲政府准許用汽車載客在荷李活道及威靈頓街等處行駛。可是，俟後亦無此兩街行走載客汽車的消息。

同年，報載電車公司曾申請開辦由堅尼地城至大坑的 5 號巴士路線，但政府以路面太窄而否決。

1925 年 12 月 25 日，有港府批准「維多利亞客車公司」成立的新聞，該公司稱訂購 120 輛巴士，於 1926 年 7 月起載客，但亦沒有下文。

同年，亦有一家「嶺南運輸摩托有限公司」成立。

1926 年 1 月 1 日，德輔道中與畢打街間之部分香港大酒店，發生大火，由中環往大浪灣酒店（淺水灣酒店）之街坊汽車（巴士）總站停車地點，由畢打街改為皇后像廣場。

由中環街市西望皇后大道中，約 1928 年。左方的嘉咸街口可見一輛大酒店的巴士。

Queen's Road Central, looking west from the Central Market, c. 1928. The corner of Graham Street is on the left, accompanied by a bus operated by the Hongkong and Shanghai Hotels Ltd.

威靈頓街西望皇后大道中，1931 年。左中部為「二奶巷」（安和里），可見一輛東行的香港大酒店、由堅尼地城至大坑的 5 號線巴士。

Queen's Road Central, looking west from Wellington Street, 1931. 'Concubine Lane' (On Wo Lane) is on the middle left. A bus operated by the Hongkong and Shanghai Hotels Ltd. serving Route 5 (from Kennedy Town to Tai Hang) is on the right.

約 1925 年的皇后像廣場。正中可見一輛大酒店的黑巴士。

Statue Square, c. 1925. A black bus operated by the Hongkong and Shanghai Hotels Ltd. is in the middle.

HONGKONG, D. »Resolute« Weltreise 1931

1927年6月26日，香港仔街坊汽車，於即日起派車行駛香港仔至赤柱，每日三次，收25仙。

10月3日，重陽節，香港仔街坊車增車來往香港仔與鹹魚欄東邊街之間。

1927年，香港島及九龍的街坊汽車（巴士）公司曾申請劃一收費，但港府以「載客量及車種的取決」為由而否決申請。

10月，政府為安全起見，規定每輛巴士必須安裝附有用法指示的滅火筒，以及倒後鏡一個，以防危險。

當時港九的巴士，有多種名稱，除公眾電機車外還有：摩托載客自由車、無軌汽車、街坊汽車、公眾汽車、公共汽車、公共客車、吧士，以及今天通稱的巴士。

同於1927年，有兩家街坊汽車公司，申請兼營「德時急 TAXI CAB」（的士）之服務。

1929年8月30日，盛傳電車公司將派巴士多輛，行走上環至鰂魚涌。該公司已有一條由永樂（三角）碼頭，至跑馬地的巴士路線。由1929年10月1日起，派出巴士行走皇家（卜公）碼頭至太古船塢，全程收二毫，至銅鑼灣差館（威非路道一帶）則收一毫。

同於1929年8月，大酒店汽車公司刊登來往卜公碼頭至大學堂街坊汽車（巴士）之擴展計劃，該公司原有來往畢打街至大浪灣（淺水灣）的街坊汽車路線。

1930年2月24日，賽馬日，大酒店汽車公司開辦由皇后大道中176號何東行，至加路連山的巴士線。

1930年，電車以及電車公司的巴士，提供往七姊妹泳場的服務。

▲ 1920年代，香港大酒店，由淺水灣往中環該酒店的巴士車票，說明是經「新路」（指司徒拔道、黃泥涌峽道及淺水灣道）。（圖片由吳貴龍先生提供）

A bus ticket issued by the Hongkong and Shanghai Hotels Ltd. for the route from Repulse Bay to the Hong Kong Hotel via New Road.

▲ 九龍巴士公司人手洗車，1960 年代。

Manual bus washing by KMB workers in the 1930s.

▼ 香港大酒店，港島及九龍汽車出租收費表，1920 年代。（圖片由吳貴龍先生提供）

A fare chart for car rentals to Hong Kong Island and Kowloon at Hong Kong Hotel, 1920s.

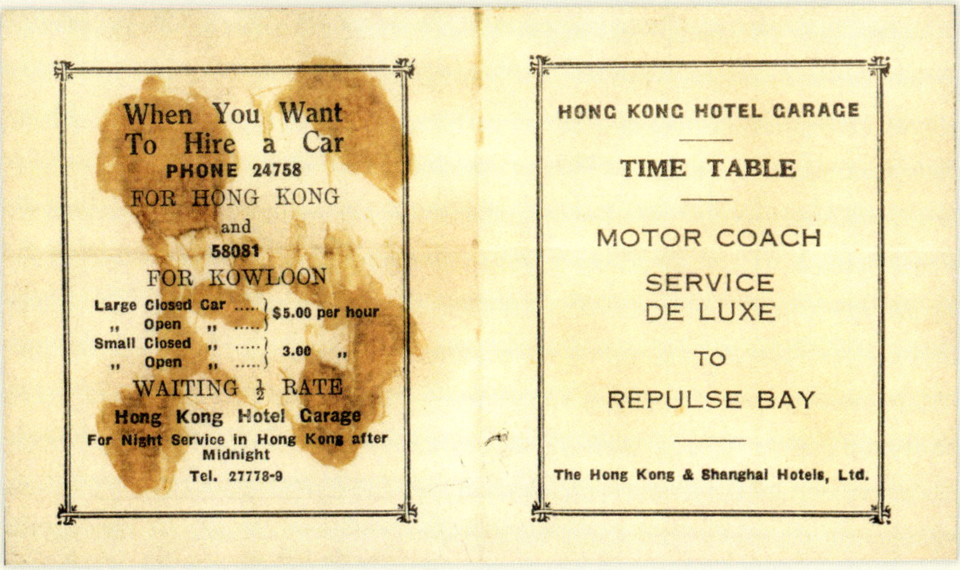

When You Want To Hire a Car

PHONE 24758

FOR HONG KONG

and

58081

FOR KOWLOON

Large Closed Car	}	$5.00 per hour
" Open "		
Small Closed "	}	3.00 "
" Open "		

WAITING ½ RATE

Hong Kong Hotel Garage

For Night Service in Hong Kong after Midnight

Tel. 27778-9

HONG KONG HOTEL GARAGE

TIME TABLE

MOTOR COACH

SERVICE DE LUXE

TO

REPULSE BAY

The Hong Kong & Shanghai Hotels, Ltd.

MOTOR COACH SERVICE

Hong Kong Hotel to Repulse Bay Hotel
Via Stubbs Road and Wong Nei Chong Gap

FARE . . . 40 CTS. RETURN TICKET 75 CTS.
CHILDREN 20 CTS. CHILDREN'S R. ,, 35 CTS.

DAILY

Leave Hong Kong Hotel	*Leave Repulse Bay Hotel*
7.45 a.m.	8.20 a.m.
9.45 a.m.	8.40 a.m.
11.15 a.m.	9.00 a.m.
12.45 p.m.	10.15 a.m.
2.30 p.m.	11.45 a.m.
3.00 p.m.	2.00 p.m.
4.15 p.m.	3.00 p.m.
5.00 p.m.	4.00 p.m.
5.30 p.m.	5.30 p.m.
6.00 p.m.	6.00 p.m.
6.35 p.m.	7.00 p.m.
7.30 p.m.	7.30 p.m.
9.30 p.m.	8.30 p.m.
11.35 p.m.	12.00 mid.

SATURDAYS

7.45 a.m.	
9.45 a.m.	8.20 a.m.
11.15 a.m.	8.40 a.m.
12.30 p.m.	9.00 a.m.
1.15 p.m.	10.15 a.m.
2.00 p.m. to 6.35 p.m. Half Hourly	11.45 a.m.
	2.00 p.m. to 7.30 p.m. Half Hourly
7.30 p.m.	7.30 p.m.
9.30 p.m.	8.30 p.m.
11.35 p.m.	12.00 mid.

SUNDAYS & HOLIDAYS

7.45 a.m.	7.30 a.m.
9.00 a.m.	9.15 a.m.
10.30 a.m.	10.30 a.m.
11.30 a.m.	11.00 a.m.
12.30 p.m.	12.00 noon
2.00 p.m. to 6.35 p.m. Half Hourly	Half Hourly 2.30 p.m. to 7.30 p.m.
7.30 p.m.	8.30 p.m.
11.35 p.m.	12.00 mid.

F. 15—6-38 YE OLDE PRINTERIE, LTD.

Nº 31
BA
FARE 40 cents
The Hong Kong & Shanghai Hotels, Ltd.
Hong Kong Hotel | Repulse Bay Hotel
The Hong Kong Hotel Garage

Nº 270
MZ
FARE 10 cents
The Hong Kong & Shanghai Hotels, Ltd.
Blake Pier | The University
The Hong Kong Hotel Garage

YX 383
FARE 10 CENTS
THE HONGKONG HOTEL GARAGE
THE H.K. & S. HOTELS. LTD.

Tai Hang	Kennedy Town
Causeway Bay	West Point
Caroline Hill	Possession St.
Happy Valley	Ho Tung Build.
Blake Pier	The University
The University	Univ. Cricket Ground
Univ. Cricket Ground	Felix Villas

▲ 另一張收費表。

Another fare chart.

香港大酒店往淺水灣的巴士車票，1920 年代。（圖片由吳貴龍先生提供）

A bus ticket issued by the Hongkong and Shanghai Hotels Ltd. for the route from Hong Kong Hotel to Repulse Bay Hotel, 1920s.

香港大酒店，由卜公碼頭往香港大學的巴士車票，1920 年代。（圖片由吳貴龍先生提供）

A bus ticket issued by the Hongkong and Shanghai Hotels Ltd. for the route from the Blake Pier to the University of Hong Kong, 1920s.

香港大酒店，由卜公碼頭往香港大學的巴士車票，約 1930 年。（圖片由吳貴龍先生提供）

A bus ticket issued by the Hongkong and Shanghai Hotels Ltd. for the route from the Blake Pier to the University of Hong Kong, c. 1930.

香港仔街坊汽車的夜車頭等車票，約 1925 年。（圖片由吳貴龍先生提供）

A first-class night bus ticket issued by the Aberdeen Kai Fong Motor Bus and Transport Company, c. 1925.

香港仔街坊汽車公司的巴士，約 1925 年，攝於香港仔。（圖片由吳貴龍先生提供）

A bus operated by the Aberdeen Kai Fong Motor Bus and Transport Company, c. 1925. The picture was taken in Aberdeen.

Aberdeen ("Little Hong Kong")

▲ 兩部停泊於羅素街電車廠（現時代廣場所在）內的新型巴士，1920 年代。當時電車公司已有巴士在港島行走，以及於 1928 年，接管在九龍行走巴士的啟德汽車有限公司之業務。（圖片由巫羽階先生提供）

Two new buses parked inside the Russell Street Tram Depot, 1920s. The Russell Street Tram Depot is where Times Square situated nowadays.

▶ 由雪廠街天星碼頭西望干諾道中，約 1928 年。正中可見一輛泊於畢打街卜公碼頭前，電車公司往跑馬地的綠巴士。

Connaught Road Central, looking west from the Star Ferry Pier on Ice House Street, c. 1928. A green bus bound for Happy Valley, which is parked in front of the Blake Pier, is in the middle of the picture.

KOWLOON · F
KOWLOON CANTON RAILWAY

卜公碼頭（左）及其前方干諾道中的空地，約1930年。可見三部電車公司的綠巴士，以及一部位於正中的香港大酒店的黑巴士。（圖片由吳貴龍先生提供）

The Blake Pier (left) and the open space of Connaught Road Central in front of the pier, c. 1930. Three green buses operated by the tram company can be seen in the picture. A black bus operated by the Hongkong and Shanghai Hotels Ltd is in the middle.

1930年3月18日，大酒店汽車公司，有巴士10輛行走卜公碼頭至大學堂，四輛行走畢打街至淺水灣，18輛行走皇后大道中何東行至跑馬地及加路連山。

當年，電車公司亦有巴士前往跑馬地。

同年，大酒店公司開股東會，討論將巴士路線出讓予電車公司。

1930年2月15日，天星小輪公司於股東會上透露，公司經營用躉船運載汽車過海的業務，歷年皆虧本，故請政府擬定小輪載車渡海的計劃。

1930年3月29日，香港大酒店汽車部，經營皇家（卜公）碼頭至大學堂以及堅尼地城至大坑（5號）的巴士線。上述兩條稱為「長途汽車」路線的巴士月票，開始發售，而兩線的月票可互相通用，每張售10元。

L 1789
Third Class Fare 10 Cents
Journey WEST | HONGKONG TRAMWAYS LIMITED MOTOR OMNIBUS SERVICE. | Journey EAST
3 9
4 5
5 4
9 3
Available on Through Buses Only
This Ticket is not transferable and is issued subject to the Bye-laws and Regulations of the Company.

IS 9140
First Class Fare 10 Cents
Journey WEST | HONGKONG TRAMWAYS LIMITED MOTOR OMNIBUS SERVICE. | Journey EAST
1 4
2 3
3 2
4 1
Available on Through Buses Only.
This Ticket is not transferable and is issued subject to the Bye laws and Regulations of the Company.

Nº 453	
AJ FARE 10 cents. THE HONGKONG HOTEL GARAGE (The H. K. & S. Hotels, Ltd.)	
Blake Pier 皇家碼頭	The University 大學堂
Tai Hang 大坑村	Kennedy Town 堅尼地城
Causeway Bay 銅鑼灣	West Point 石塘咀
Caroline Hill 加路連山	Possession Street 水坑口
Happy Valley 跑馬地	Ho Tung Building 何東行

▲ 1920 – 30 年代初，香港電車有限公司巴士服務（Hong Kong Tramways Limited Motor Omnibus Service）的車票兩張，分別為 1, 2, 3, 4 及 3, 4, 5, 9 號路線的頭等及三等車票，兩者的票價均為一毫。（圖片由吳貴龍先生提供）

Tickets for the motor omnibus service operated by the Hong Kong Tramways Limited, 1920s to early 1930s.

▲ 約 1930 年，大酒店汽車公司的一毫車票，有中文站名，較為少見，其中一站為水坑口（街）。

A 10-cent ticket issued by the Hongkong and Shanghai Hotels Ltd., c.1930. The inclusion of Chinese station names on the ticket during that time was a rare sight.

4 月 6 日，由堅尼地城至大坑的 611 號巴士，在皇后大道西水坑口附近撞車。

1931 年 4 月 13 日，報章刊載車輛新例，提及港島的巴士有三家公司經營，包括鼻祖的香港仔街坊汽車、香港大酒店的黑巴士及電車公司的綠巴士。

直到 1933 年初，尚無巴士行車專利權者。

5 月 12 日，港九巴士公司因電油加價，向當局申請於車頂加設廣告位，藉此作彌補。當局已批准。

1933 年 1 月 16 日，港府公佈港島的巴士路線，由中華汽車有限公司承辦，自 1933 年 6 月 11 日起，為期 15 年。

電車公司曾競投經營港島巴士，但因出價低而失敗。

▲ 約 1930 年的遮打道。可見兩部泊於太子行（左）及皇后行（右）的香港大酒店巴士。

Chater Road, c. 1930. Two buses, operated by the Hongkong and Shanghai Hotels Ltd., are parked outside the Prince's Building (left) and the Queen's Building (right).

▼ 香港上海大酒店（大酒店）汽車公司的月票正背面，1928 年，由中環往來淺水灣。（圖片由吳貴龍先生提供）

The back of a monthly bus ticket for travel between Central and Repulse Bay, issued by the Hongkong and Shanghai Hotels Ltd., 1928.

THE HONGKONG & SHANGHAI HOTELS, LTD.

MONTHLY BUS TICKET

TO AND FROM REPULSE BAY

NOT TRANSFERABLE 1928

Available from

No. 727 24th December to 31st

Name Mrs. R. L. Drake

This Ticket should be produced on demand otherwise full fare will be charged.

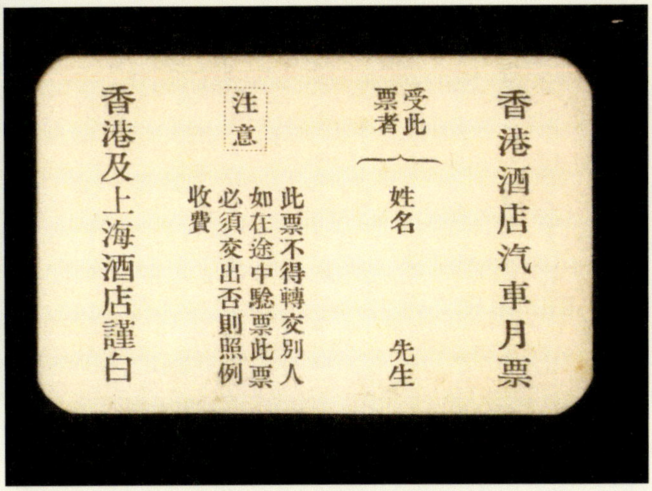

香港酒店汽車月票

受此票者 姓名 先生

注意

此票不得轉交別人如在途中驗票此票必須交出否則照例收費

香港及上海酒店謹白

四

開放港島巴士專營權

Buses on Hong Kong Island: 1933 – 1941

經營港島巴士業務的中華汽車有限公司（中巴），成立於 1933 年 4 月 28 日，其前身為 1924 年組成之中華汽車公司，行駛九龍的深水埗及九龍塘等，與港島無關。

當年在九龍行走的中巴是漆黃色，九巴是紅色，啟德汽車公司是綠色。

1933 年，中巴及九巴投得專營權後，落選的電車公司即時結束巴士業務。

當局規定中華汽車有限公司，須遵照下開條款經營：

一、車輛須向英國購買；

二、東主及股東須大多數為英國籍；

三、港島不能用雙層巴士；

四、現時各汽車公司之屋宇物業及汽車機件等，得由政府估價，由承辦商（中巴）頂受。

統一碼頭亦於 1933 年 1 月 16 日啟用，但中環的巴士總站仍設於畢打街皇家（卜公）碼頭前。

1935 年 3 月 7 日，中華汽車有限公司公布，由 4 月 1 日起，將巴士分為頭等及二等，票價為一毫及五仙，變相減價，先由 1 號及 5 號線實行，巴士將予以改裝，電車公司反對無效。

▼ 約 1934 年的干諾道中，右方為畢打街，左右兩方各有一輛中華汽車公司的巴士。

Connaught Road Central, c. 1934. Pedder Street is on the right. A bus from the China Motor Bus Company (CMB) is visible on both the left and right sides.

POST OFFICE

▲ 干諾道中皇家（卜公）碼頭前的巴士總站，約 1938 年。左方郵政總局旁有一輛巴士駛入畢打街前往半山。

Blake Pier Bus Terminus on Connaught Road Central, c. 1938. The General Post Office is on the left, where a bus is turning into Pedder Street towards Mid-Levels.

1936 年 5 月 27 日，電車公司將除往筲箕灣外之其他路線票價，頭等由一毫減至六仙，三等由五仙減至三仙。

同年 3 月 15 日報章新聞，銅鑼灣由天后區起，夷山開闢新路（英皇道）的工程完成，電車及巴士將由 1936 年 7 月起在英皇道行走，以代替現時的電氣道，電氣道早期的名稱為筲箕灣道。

3 月 24 日，中巴自 4 月 1 日起，開辦以下新線：

> 3 號線，由皇家（卜公）碼頭開出，經花園道纜車站、亞畢諾道口堅道、西摩道口般咸道、柏道口、大學堂、皇后大道高陞戲院及何東行各分站，返回皇家碼頭，成一環形（即循環線）。
>
> 3 號 A 線，是由皇家碼頭沿 3 號線伸延至摩星嶺。

▲ 中華汽車有限公司的五仙代用幣，1935 年。

A 5-cent token coin from CMB, 1935.

▼ 中華汽車有限公司的一毫代用幣，1935 年。

A 10-cent token coin from CMB, 1935.

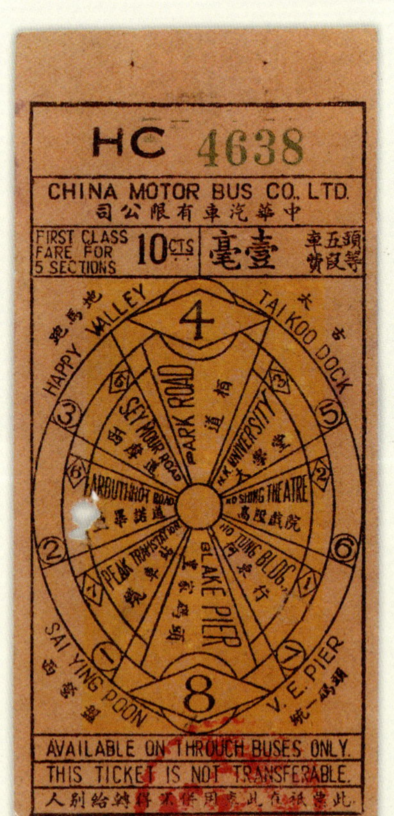

◀ 中華汽有限公司由皇家（卜公）碼頭往來半山區及西營盤和東區的頭等一毫車票，約 1935 年。（圖片由吳貴龍先生提供）

A CMB first-class ticket at 10 cents for the route between the Blake Pier and Mid-Levels, Sai Ying Pun and Eastern District, c. 1935.

1936 年 5 月 27 日，中巴增車行走往筲箕灣，只有頭等之 2 號巴士線，便於往七姊妹泳灘的泳客。

1937 年 4 月 9 日，中巴打算在港島行駛兩層（雙層）巴士，但港府認為巴士會對招牌、民居之花架、花盆、金魚缸、曬衣竹及防盜鐵線骨架等有所碰撞，加上馬路狹窄，故不予批准。

1938 年 1 月 8 日，中巴向英訂購之多輛 24 座位之巨型巴士將運抵港，行駛 3 號線。

港府將在瑪麗醫院總站，建三合土之巴士候車室。

1938 年，仍有一條由香港大酒店經營，由畢打街往淺水灣的巴士線，以下為行車時間及收費：

由中環經司徒拔道、黃涌峽至淺水灣

車費：單程四毫、小孩二毫。來回：成人七毫、小孩三毫五仙。

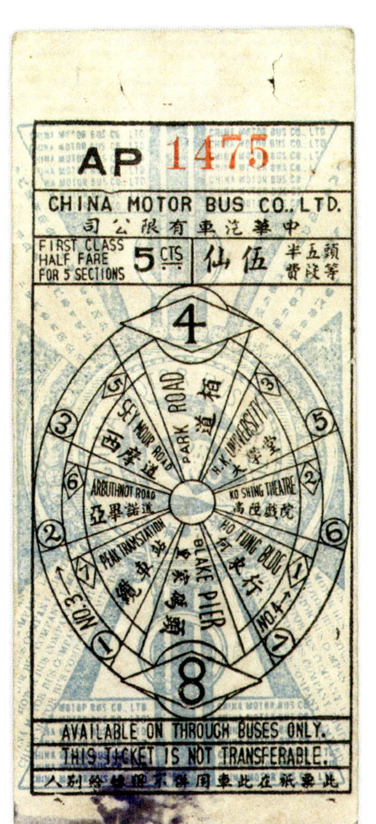

中華汽車有限公司由皇家碼頭至半山區及西營盤的頭等五仙半費車票，約 1935 年。（圖片由吳貴龍先生提供）

A CMB first-class ticket at five and a half cents for travel from the Blake Pier to Mid-Levels and Sai Ying Pun, c. 1935.

服務時間：（中環開出）上午七時四十五分至下午十一時三十五分。

（淺水灣開）上午八時二十分至下午十二時。

同時，中華汽車經營的第6號巴士線，是由油蔴地碼頭（統一碼頭），經淺水灣至赤柱，服務時間是由上午六時三十分至下午十時三十分止。

上述兩間公司的巴士，不時在路上爭奪往淺水灣的乘客。

1938年6月12日，中巴新闢一條5號A巴士線，由石塘咀至跑馬地。

9月1日，中巴經理謂若當局准許雙層巴士行走港島，但以皇后大道中及跑馬地（即1號及5號A線）為限。但最後要到1963年才實現。

1938年，中華汽車有限公司的巴士路線及收費如下：

		頭等	二等
1號	西營盤至跑馬地	一毫	五仙
2號	油蔴地（統一）碼頭至筲箕灣	一毫	五仙
3號	油蔴地碼頭至大學堂	一毫	
3號A	油蔴地碼頭至摩星嶺	二毫	
4號	油蔴地碼頭至瑪麗醫院	一毫半	一毫
5號	大坑至堅尼地城	一毫	五仙
6號	油蔴地碼頭至赤柱	三毫半	
6號A	油蔴地碼頭至淺水灣	二毫半	
7號	統一碼頭至香港仔	二毫	一毫半
7號A	香港仔至赤柱	二毫	一毫

1941年10月29日，中華汽車有限公司請求當局，准許巴士上增加「站立乘客」（企位）的數量。又訂購新巴士20輛。

◀ 中華汽車有限公司一毫車票，約 1936 年。較特別的車站有包括司徒拔道的嶺南學校、香港圍（黃竹坑）、何東行（皇后大道中與威靈頓街交界）及打波地（木球會，現遮打花園）等。（圖片由吳貴龍先生提供）

A CMB first-class ticket at 10 cents for travel from the Blake Pier to Mid-Levels, Western District, Eastern District and Southern District, c. 1936.

◣ 中華汽車有限公司車票，約 1938 年。是由統一碼頭來往半山、西區、東區及南區的五仙二等車票。較特別的車站有：金陵（酒家）、中央（戲院）、華行（華人行）、大佛（灣仔軍器廠街）、二館（現「舊（二號）灣仔警署」、同館（灣仔道與莊士敦道交界的舊第一代二號警署）及利台（利舞台戲院）等。

A CMB second-class ticket at 5 cents for travel between the United Pier and Mid-Levels, Western District, Eastern District and Southern District, c. 1938.

▼ 約 1939 年，中華汽車有限公司，由統一碼頭往各區及赤柱的二毫車票。

A CMB 20-cent ticket for travel from the United Pier to Stanley and various districts, c. 1939.

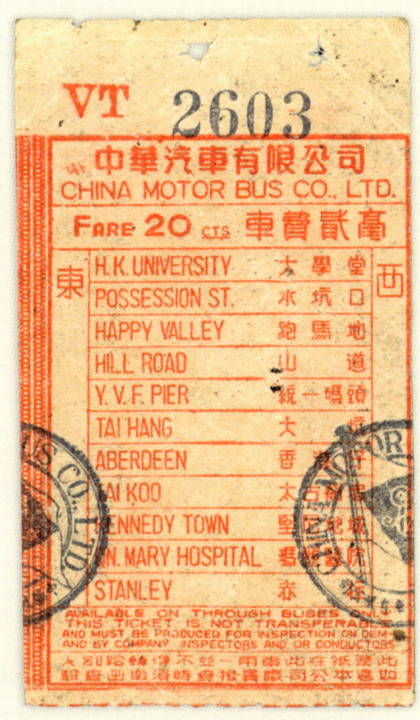

五

彌敦道試行雙層巴士

Buses in Kowloon and the New Territories: 1921 – 1941

1921 年，港府在承辦九龍地區巴士服務的招標條款中，列出每輛巴士須符合下列之七點規定：

一、司機和售票員須穿制服；

二、車輛的長、寬及高度，分別受限於二十英呎、七呎二寸和十呎；

三、連司機和售票員在內，每輛巴士限載十九人（即十七名乘客）；

四、車速須為每小時十五英里；

五、車廂內的座位為橫排式，前兩行為頭等位，其餘全為二等位；

六、要有固定的車頂，不能用布篷，兩旁要有通氣窗；

七、車輛的前方和左右兩旁須標示目的地及途經地點。

是次招標由「九龍汽車有限公司」投得，該公司的總經理為雷兆鵬，於 1921 年 11 月 26 日起，開始行駛下列四條路線：

路線		途經
1 號線	尖沙咀碼頭至深水埗桂林街	彌敦道、佐敦道、公眾四方街（眾坊街）、加冕道（彌敦道）、上海街、太子道、荔枝角道
2 號線	紅磡至尖沙咀碼頭	蕪湖街、漆咸道、梳士巴利道
3 號線	紅磡至深水埗桂林街	蕪湖街、漆咸道、加士居道、佐敦道，之後的路段與 1 號線相同
4 號線	紅磡至亞皆老街九龍城警署	蕪湖街、九龍城道太子道和亞皆老街

▲ 約 1921 年，尖沙咀天星碼頭。可見一輛九龍汽車有限公司巴士。

Star Ferry Pier, Tsim Sha Tsui, c. 1921. A bus operated by KMB can be seen in the picture.

1 號及 3 號線的頭等票全程為港幣一毫五仙，分段收費為五仙。二等票全程為四仙，分段收費為二仙。服務時段為上午六時十五分至晚上十二時十五分。

該公司的辦事處及車廠設於加冕道（約 1925 年併入彌敦道）與水渠道交界的始創行，所在現為始創中心。

1922 年 1 月，九龍汽車有限公司解僱要求加薪之駕車者及收銀人（司機及售票員）。

1923 年 9 月 17 日，該公司又提供四座位之「紅色綠邊自由車」（普稱為「紅邊車」）之港九的士服務。首一英里收四毫，之後每十五分鐘一毫，每分鐘二仙。豎紅旗即是招客，落旗即表示有客。1924 年 5 月 15 日，在皇后大道中設寫字樓，電話為 1036 號。

1923 年，「啟德汽車有限公司」開辦由尖沙咀碼頭，經馬頭涌至九龍城「啟德濱」住宅及工業樓宇群的巴士路線，以服務該區及附近的民眾。啟德濱於 1931 年，成為當年落成之啟德機場的一部分。

同年 12 月 12 日，在九龍經營手車（人力車）的顏成坤，連同何世光及葉蘭泉等，籌辦「香港輸運汽車有限公司」，其目的是為港九未有汽車（巴士）行駛的地點，提供服務。

惟顏成坤卻於 1924 年，創辦「中華街坊汽車有限公司」，經營在彌敦道行駛的巴士路線，採用 BO DICEA 牌的大型巴士。該公司的股票於同年在一家證券交易所買賣。

1924 年 7 月 26 日，啟德汽車公司在皇后大道西 6 號總寫字樓，開第一屆平常聚會。1925 年 3 月 19 日，假皇后大道中 325 號杏花樓聚會，因生意不前議決收盤。

1929 年，中華街坊汽車有限公司易名為「中華汽車有限公司」。

1925 年 4 月 17 日，深水埗「華美公司」（後來易名為「中美公司」），有巴士來往新界壆圍（深圳火車站附近）擬建模範村的地段。1925 年 12 月 1 日，有一旺角往元朗 780 號車牌的街坊車，失事傷人。

1925 年，啟德汽車公司曾因九龍城啟德濱之土地發展項目滯延，打算結束營業。稍後，改用「啟德汽車（1926）有限公司」的名稱經營，並將公司的車廠設於九龍城。公司的業務於 1928 年被香港電車有限公司接管。

1926 年 1 月 27 日，曹善允律師偕子乘啟德汽車由九龍往尖沙咀，至庇利街有一搭客牽鐘叫停車，司機將車退後，不料因路滑而翻側，幸各人皆無恙。

◥ 約 1921 年的尖沙咀天星和公眾（中）碼頭。在九龍倉的入口（現五枝旗桿所在）前，有共七輛九龍汽車有限公司的巴士。

Star Ferry Pier and Kowloon Public Pier (middle), c. 1921. In front of the entrance to the Kowloon Wharf, there are a total of seven KMB buses.

▶ 天星碼頭廣場，約 1923 年。九廣鐵路總站前有一輛九龍汽車公司（右），以及啟德汽車公司（左）的巴士。

The square of Star Ferry Pier, c. 1923. In front of the Kowloon-Canton Railway Terminal, there is a KMB bus (right) and a bus operated by the Kai Tack Motor Bus Company (left).

42

1927 年 5 月 1 日，九龍汽車有限公司開辦由尖沙咀至九龍塘之路線，亦派車行走往紅磡鶴園中華電力公司旁公坊泳場之街坊車（巴士）。

1927 年 6 月 16 日，行走九龍之中華街坊汽車，行車時間為上午八時至下午八時，即日起，延長至十時十五分。該公司的創辦人顏成坤於同年 6 月 25 日結婚。

6 月 24 日，九龍汽車有限公司之紅邊汽車（的士）去年批予廣大公司接辦，但於昨日停業，30 部車輛，供各司機人自行駕駛營業。

1927 年，啟德汽車有限公司開辦由九龍城至油麻地公眾四方街（眾坊街）碼頭的路線。1930 年又辦尖沙咀碼頭至紅磡鶴園大環泳場的路線。

1927 年 8 月 6 日，元朗街坊快樂汽車有限公司，計劃收盤。最後於 1930 年 3 月 1 日收盤結業。

1929 年，啟德汽車有限公司、九龍汽車有限公司及中華街坊汽車有限公司，曾提議在九龍行駛雙層巴士，但當局不批准。

1920 至 30 年代，不時有巴士乘客跳車受傷的新聞。

1929 年，長沙灣及荔枝角一帶填海發展完竣，巴士服務隨即伸延至該區。

1930 年 2 月 15 日，行走九龍至元朗之長途巴士，警察局只批准「中美公司」一家，其他擅自用車兜客者，將予重罰。

3 月 25 日，九龍之巴士及野雞車（載客之私家車）盛行，手車（人力車）被淘汰，廣東道之手車館兩個月來有六、七間倒閉。

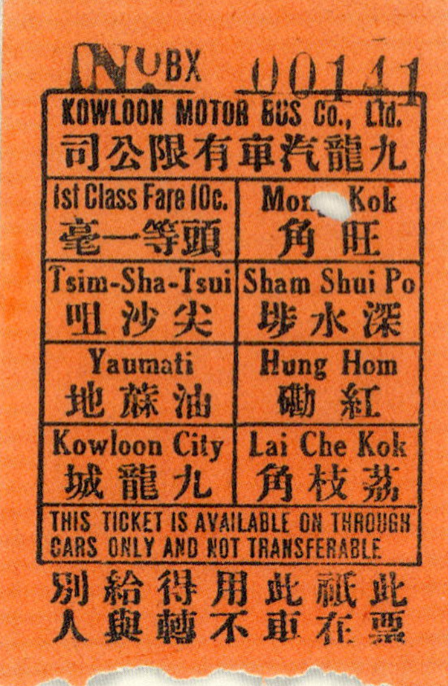

▲ 九龍汽車有限公司的頭等一毫車票，1920 年代。（圖片由吳貴龍先生提供）

A KMB first-class ticket at 10 cents, 1920s.

▼ 九龍汽車有限公司的二等五仙車票，1920 年代。（圖片由吳貴龍先生提供）

A KMB second-class ticket at 5 cents, 1920s.

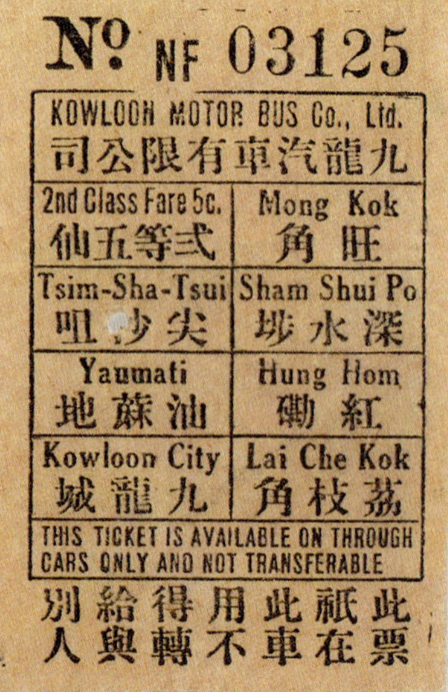

NM 4658

THE KOWLOON MOTOR BUS CO.

九龍汽車有限公司

入 INWARD　1 2 3 4

SECOND CLASS FARE 10c.

弍等車費 壹毫

出 OUTWARD　5 4 3 2 1

This Ticket must be punched in the Section to which the passenger is entitled to travel and must be Shown on Demand

此票祇在此車用不得轉給與別人

◀ 九龍汽車有限公司的二等一毫車票，1920 年代。（圖片由吳貴龍先生提供）

A KMB second-class ticket at 10 cents, 1920s.

▼ 約 1925 年的天星碼頭廣場，左起的巴士第一輛為九龍汽車的 2 號往荔枝角，第二輛為中華汽車的 2 號往深水埗，第三輛為啟德汽車的 3 號往九龍城者。

The square of Star Ferry Pier, c. 1925. From the left, the first bus is a KMB Route 2 bound for Lai Chi Kok, the second bus is a CMB Route 2 bound for Sham Shui Po, and the third bus is on Route 3 to Kowloon City operated by the Kai Tack Motor Bus Company.

1931 年 4 月 13 日，《華字日報》就九龍及新界之巴士服務，有如下的描述：

> 以規模計，第一為九龍汽車有限公司的巴士車隊。第二為啟德汽車有限公司，第三為中華汽車有限公司。

新界則有上水之「南興巴士公司」的車輛。

因九龍街道狹窄，有樓（雙層）巴士仍未能通行。

1932 年 7 月 29 日，中華汽車公司此前一直有巴士行走元朗至上水的路線，亦將派車行走大埔至上水。

同時，九龍汽車則經辦由九龍經青山道（青山公路）至元朗的巴士路線。

1932 年，政府招標開投港島、九龍及新界的巴士經營權，有包括電車公司等的二十多家機構申請。

1933 年 1 月 16 日公佈，九龍及新界的巴士路線，由九龍汽車有限公司改為「九龍汽車（1933）有限公司」（簡稱「九巴」）經營，九巴着手將新界的路線擴充。

經營權為期 15 年，相關條件與港島的中華汽車有限公司相同。若得工務司批准，九龍可行駛雙層巴士。

1933 年 1 月 16 日，同設有汽車渡輪碼頭的港島統一碼頭，以及油麻地的佐敦道碼頭於是日啟用。佐敦道碼頭是取代設於公眾四方街（眾坊街）的舊碼頭者，並設有往九龍各區及新界的巴士總站。

1935 年 4 月 1 日起，九巴新增由佐敦道至深水埗的 11 號巴士路線。

1937 年，九巴設有頭等及稱為三等的二等座位。同年，亦增購 35 輛新巴士。同時，因上海發生抗日戰事，九巴購得一輛原在上海行駛的雙層巴士運抵香港，若試行滿意則會多購。

▶ 約 1925 年的天星及公眾碼頭，右中部可見兩架往紅磡及九龍城為主的啟德汽車有限公司的巴士。

Star Ferry Pier and Kowloon Public Pier, c. 1925, Two buses are on the middle right, which were operated by the Kai Tack Motor Bus Company.

◢ 約 1924 年泊於九龍公眾碼頭前的五部啟德汽車有限公司的巴士。背後為一艘泊於九龍倉一號橋（碼頭）的大洋船。

Five Kai Tack Company motor buses parked in front of the Kowloon Public Pier, c. 1924. A large ocean liner is visible at Kowloon Wharf Pier 1.

HONGKONG
FERRY &
KOWLOON
JETTY
NO 61

1938 年 4 月 13 日，九巴再訂購新車多輛，包括 10 輛可載 28 至 30 人者，20 輛可載 40 人者。當時，九巴共有大小巴士共 130 多輛，行走九龍及新界由 1 號至 18 號的共 16 條路線，收費如下：

	路線	頭等	二等
1 號	尖沙咀碼頭至深水埗	一毫五仙	一毫
2 號 A	尖沙咀碼頭至荔枝角	一毫五仙	一毫
3 號	尖沙咀碼頭至牛池灣	一毫五仙	一毫
3 號 A	尖沙咀碼頭至九龍城	一毫五仙	一毫
5 號	尖沙咀碼頭至紀念碑（佐敦道）	一毫	五仙
6 號	尖沙咀碼頭至九龍城	一毫五仙	一毫
7 號	尖沙咀碼頭至九龍城	一毫五仙	一毫
9 號	佐敦道碼頭至元朗	五毫五仙	
10 號	佐敦道碼頭至牛池灣	一毫五仙	一毫
11 號	九龍城至荔枝角	一毫五仙	一毫
13 號	佐敦道碼頭至牛池灣	一毫五仙	一毫
15 號	元朗至錦田	五仙	
10 號	佐敦道碼頭至牛池灣	一毫五仙	一毫
17 號	元朗至粉嶺	二毫五仙	
18 號	粉嶺至沙頭角	二毫	

1939 年 1 月 23 日，一輛由元朗至粉嶺之 17 號線九巴，有一持槍劫匪在新田站登車，用槍指嚇售票員，搶走錢袋，一警察兜截時被匪徒槍傷，送往元朗公立醫局，後轉送往九龍醫院留醫。

1939 年 1 月，九巴在彌敦道試行雙層巴士，將道路兩旁之部分樹木斬去又除去過低的招牌，升高橫空之街燈，試驗結果滿意。

該公司又打算於短期內派出四輛雙層巴士，行走 1 號、2 號及 6 號路線，分頭、二等收費。

▲ 約 1926 年，一輛在土瓜灣九龍城道翻倒的啟德汽車公司的巴士。

A Kai Tack Company motor bus overturned on Kowloon City Road, To Kwa Wan, c. 1926.

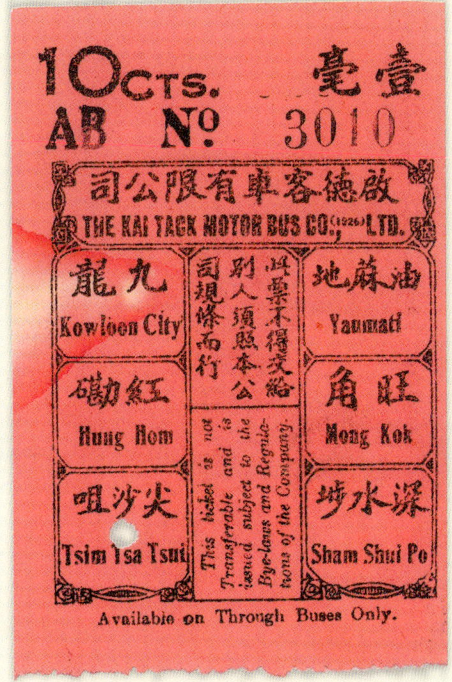

▶ 名稱改為「啟德客車有限公司（1926）」的一毫車票，約 1928 年。

A 10-cent ticket issued by the Kai Tak Motor Bus Company (1926), Limitd, c. 1928.

1939 年 4 月 17 日，當局認為雙層巴士太笨重，若一旦實施，須斬去彌敦道的美麗樹木，現天星碼頭前之車場簷篷亦須加高等原因，最後於 8 月 17 日否決申請。

5 月 30 日，九巴行走粉嶺至沙頭角之 18 號線巴士，遭三強盜騎劫。

1940 年 7 月 26 日，九龍巴士位於彌敦道與水渠道及弼街間的車廠，被改作「中央風扇製造廠」。

1941 年 12 月 3 日，九巴新增 8 號線巴士，由尖沙咀碼頭至九龍塘。

▲ 1920 年代，在九龍行駛的中華汽車公司巴士。

A CMB bus operating in Kowloon, 1920s.

▲ 約 1930 年的天星碼頭廣場，可見若干輛以九龍汽車公司為主的巴士。

The square of Star Ferry Pier, c. 1930. Several buses, primarily from KMB, can be seen in the picture.

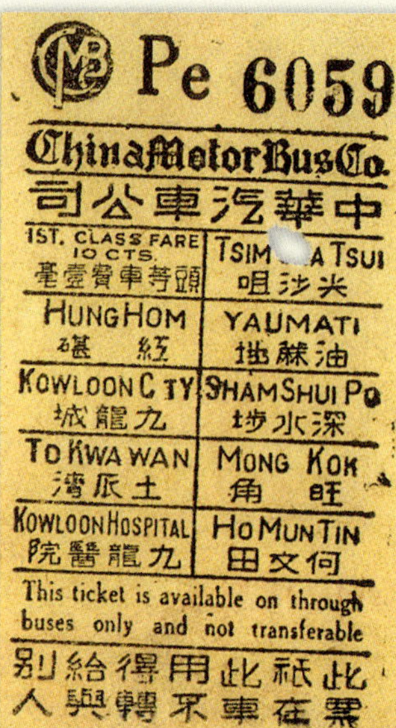

▲ 中華汽車公司的頭等車票，車費一毫，1920 年代。（圖片由吳貴龍先生提供）

A CMB first-class ticket at 10 cents, 1920s.

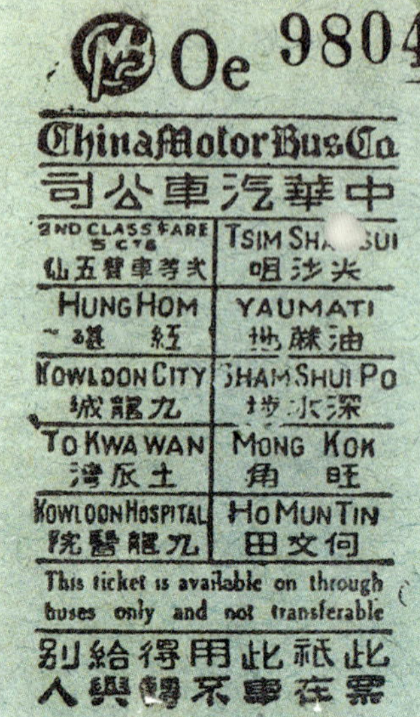

▲ 中華汽車公司的二等五仙車票，1920 年代。（圖片由吳貴龍先生提供）

A CMB second-class ticket at 5 cents, 1920s.

▲ 中華汽車公司的另一款頭等車費一毫車票，1920 年代。（圖片由吳貴龍先生提供）

Another CMB first-class ticket at 10 cents, 1920s.

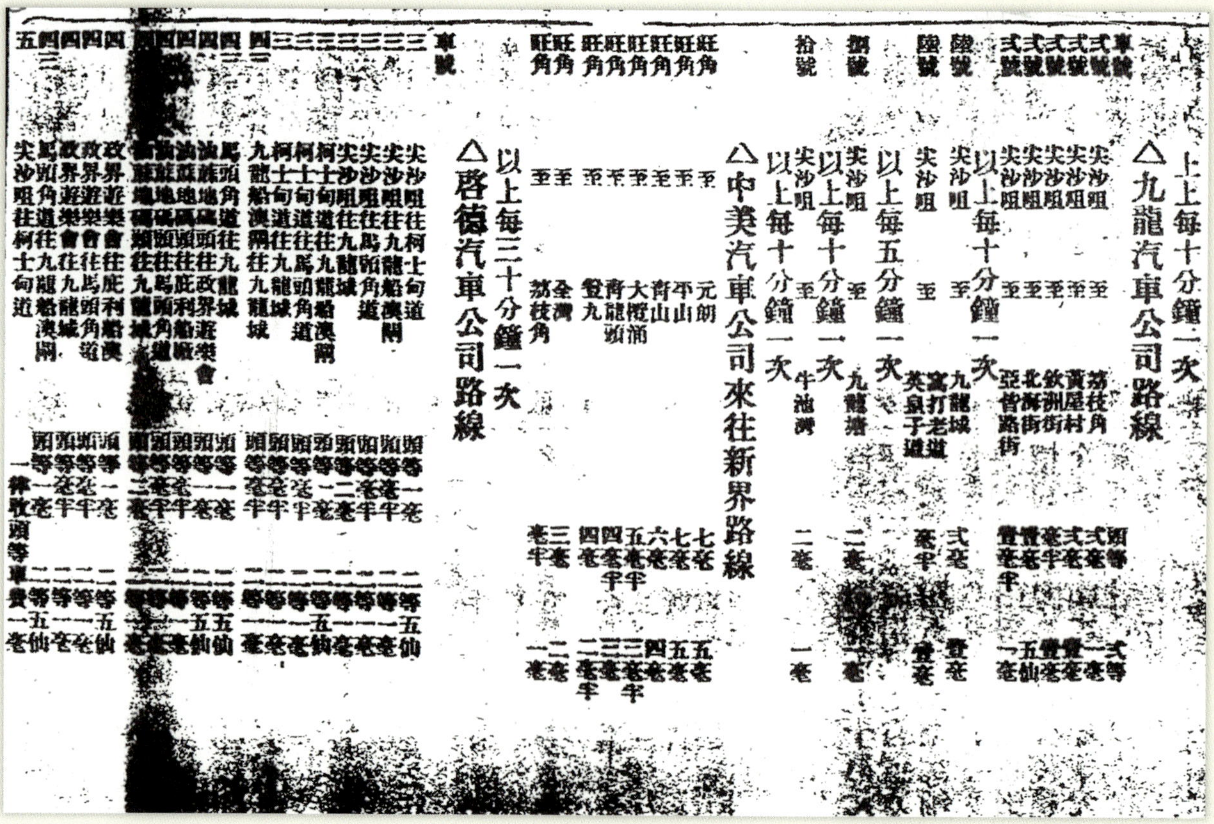

以上每十分鐘一次

△九龍汽車公司路線

車號	路線	頭等	二等
式號	尖沙咀至荔枝角	式毫	一毫
式號	尖沙咀至黃屋村	式毫	壹毫
式號	尖沙咀至欽洲街	毫半	壹毫
式號	尖沙咀至北海街	壹毫	五仙
式號	尖沙咀至亞皆路街	壹毫半	一毫

以上每十分鐘一次

車號	路線	頭等	二等
陸號	尖沙咀至九龍城	式毫	壹毫
陸號	尖沙咀至窩打老道英皇子道	毫半	壹毫

以上每五分鐘一次

車號	路線	頭等	二等
捌號	尖沙咀至九龍塘	二毫	一毫

以上每十分鐘一次

車號	路線	頭等	二等
拾號	尖沙咀至牛池灣	二毫	一毫

以上每十分鐘一次

△中美汽車公司來往新界路線

路線	頭等	二等
旺角至元朗	七毫	五毫
旺角至平山	七毫	五毫
旺角至青山	六毫	四毫
旺角至大欖涌	五毫半	三毫半
旺角至青龍頭	四毫半	三毫
旺角至發九	四毫	二毫半
旺角至荃灣	三毫	二毫
旺角至荔枝角	毫半	一毫

以上每三十分鐘一次

△啟德汽車公司路線

車號	路線	頭等	二等
三	尖沙咀往柯士甸道	一毫	五仙
三	尖沙咀往九龍船澳	毫半	一毫
三	尖沙咀往馬頭角道	毫半	一毫
三	尖沙咀往九龍城	二毫	一毫
三	柯士甸道往九龍船澳	一毫	五仙
三	柯士甸道往馬頭角道	毫半	一毫
三	柯士甸道往九龍城	毫半	一毫
四	九龍船澳往九龍城	毫半	一毫
四	馬頭角道往九龍城	[illegible]	[illegible]
四	油蔴地碼頭往政界遊樂會	[illegible]	[illegible]
四	油蔴地碼頭往庇利船澳	[illegible]	[illegible]
四	油蔴地碼頭往馬頭角道	[illegible]	[illegible]
四	油蔴地碼頭往九龍城	[illegible]	[illegible]
四	政界遊樂會往庇利船澳	[illegible]	[illegible]
四	政界遊樂會往馬頭角道	[illegible]	[illegible]
四	政界遊樂會往九龍城	[illegible]	[illegible]
四	馬頭角道往九龍船澳	[illegible]	[illegible]
五	尖沙咀往柯士甸道	一律收頭等車費	一毫

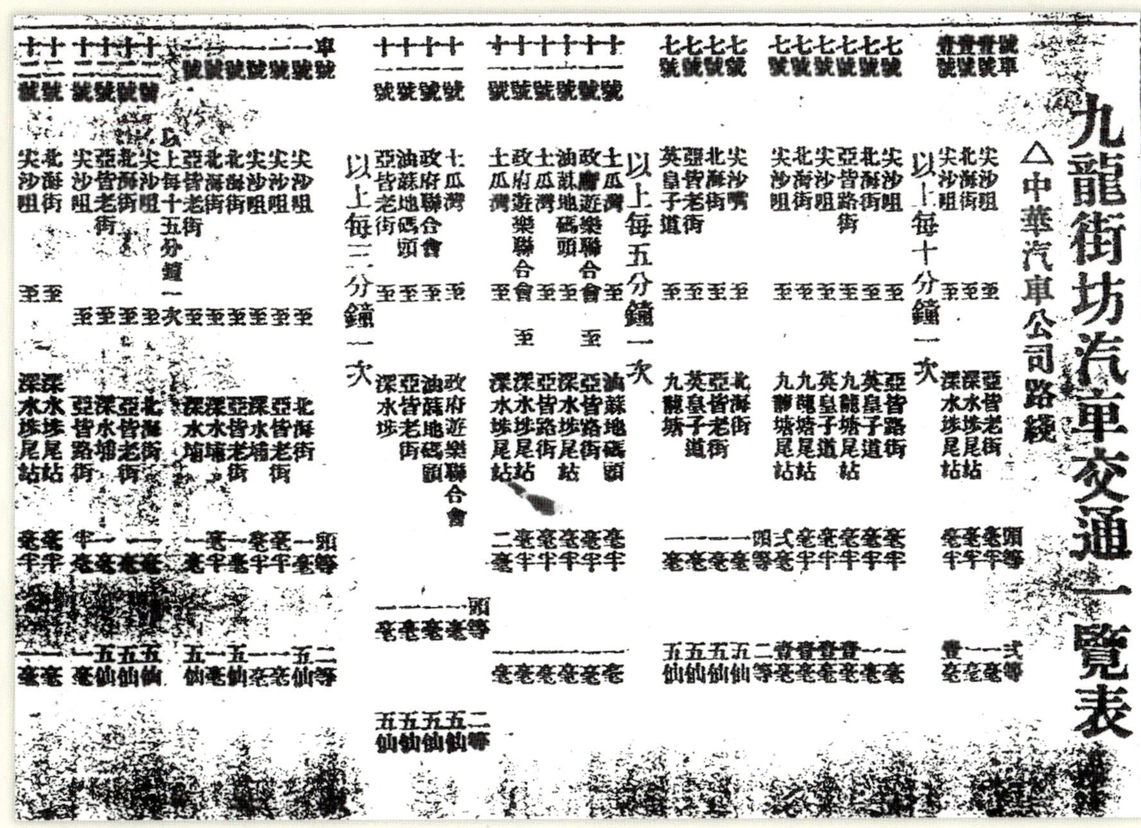

九龍街坊汽車交通一覽表

△中華汽車公司路綫

車號	起點		終點	頭等	二等
[illegible]	尖沙咀	至	亞皆老街	毫半	一毫
[illegible]	北海街	至	深水埗尾站	毫半	一毫
[illegible]	尖沙咀	至	深水埗尾站	毫半	壹毫

以上每十分鐘一次

車號	起點		終點	頭等	二等
七號	尖沙咀	至	亞皆路街	毫半	一毫
七號	北海街	至	英皇子道	毫半	一毫
七號	亞皆路街	至	九龍塘尾站	毫半	壹毫
七號	尖沙咀	至	英皇子道	毫半	壹毫
七號	北海街	至	九龍塘尾站	毫半	壹毫
七號	尖沙咀	至	九龍塘尾站	式毫	壹毫
七號	尖沙嘴	至	北海街	一毫	五仙
七號	北海街	至	亞皆老街	一毫	五仙
七號	亞皆老街	至	英皇子道	一毫	五仙
七號	英皇子道	至	九龍塘	一毫	五仙

以上每五分鐘一次

車號	起點		終點	頭等	二等
十一號	土瓜灣	至	油蔴地碼頭	毫半	一毫
十一號	政府遊樂聯合會	至	亞皆路街	毫半	一毫
十一號	油蔴地碼頭	至	深水埗尾站	毫半	一毫
十一號	土瓜灣	至	亞皆路街	毫半	一毫
十一號	政府遊樂聯合會	至	深水埗尾站	毫半	一毫
十一號	土瓜灣	至	深水埗尾站	二毫	一毫
十一號	土瓜灣	至	政府遊樂聯合會	一毫	五仙
十一號	政府聯合會	至	油蔴地碼頭	一毫	五仙
十一號	油蔴地碼頭	至	亞皆老街	一毫	五仙
十一號	亞皆老街	至	深水埗	一毫	五仙

以上每三分鐘一次

車號	起點		終點	頭等	二等
[illegible]	尖沙咀	至	北海街	一毫	五仙
[illegible]	尖沙咀	至	亞皆老街	毫半	一毫
[illegible]	尖沙咀	至	深水埔	毫半	一毫
[illegible]	北海街	至	亞皆老街	一毫	五仙
[illegible]	北海街	至	深水埔	毫半	一毫
[illegible]	亞皆老街	至	深水埔	一毫	五仙

以上每十五分鐘一次

車號	起點		終點	頭等	二等
十二號	尖沙咀	至	北海街	一毫	五仙
十二號	北海街	至	亞皆老街	一毫	五仙
十二號	亞皆老街	至	深水埔	一毫	五仙
十二號	尖沙咀	至	亞皆路街	半毫	一毫
十二號	北海街	至	深水埗尾站	毫半	一毫
十二號	尖沙咀	至	深水埗尾站	毫半	一毫

▼ 夏曆辛未，1931 年，包括：中華汽車公司、九龍汽車公司、中美汽車公司以及啟德汽車公司的四家「九龍街坊汽車」（巴士）的各條路線，時間及收費的一覽表。

Routes, schedules and fares of China Motor Bus Company (CMB), Kowloon Motor Bus Company (KMB), Chung Mei Motor Bus and Kai Tack Motor Bus Company, 1931.

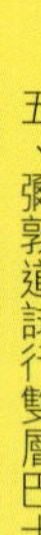

▲ 約 1933 年的天星碼頭廣場。當年，九龍及新界的巴士由「九龍汽車（1933）有限公司」（九巴）獨家經營，圖中所見全為「九巴」的巴士。

The square of Star Ferry Pier, c. 1933. In that year, buses in Kowloon and the New Territories were exclusively operated by Kowloon Motor Bus Company (1933) Limited. All buses in this picture belonged to KMB.

▲ 落成於 1920 年代中，九龍汽車有限公司位於旺角彌敦道的辦公大樓「始創行」，攝於 1935 年 6 月英皇喬治五世登基銀禧慶典期間。大樓的左右方分別為位於水渠道與弼街的車房。

The location of the KMB office in the Pioneer Building on Nathan Road, Mong Kok, June 1935.

▶ 約 1935 年，九龍公眾碼頭前的多輛九巴。

Several KMB buses in front of the Kowloon Public Pier, c. 1935.

▲ 約 1935 年，九廣鐵路站前的多輛九巴，巴士兩旁已有目的地及途經地點的標示。巴士站亦有不同路線號數的指示牌。

Several KMB buses in front of the Kowloon-Canton Railway Terminal, c. 1935. Destinations and waypoints are displayed on the side of the buses. There are also signs indicating different route numbers at the bus stop.

▲ 約 1935 年的同一地點，可見左方的一輛巴士已在車頂裝設廣告牌，目的地及途經地點的標示則改設於車的腰部。（圖片由吳貴龍先生提供）

The Kowloon-Canton Railway Terminal, c. 1935. A bus, with an advertising board on top and destination details displayed on its sides, can be seen on the left of the picture.

1933 年初的天星碼頭巴士總站，可見多輛以九巴為主的巴士。巴士頂部已有目的地及途經地點的標示，站前亦有包括 3 號及 6 號等的指示牌。（圖片由吳貴龍先生提供）

Several KMB buses at Star Ferry Bus Terminus, early 1933. Destinations and waypoints are displayed on top of the buses. Signs indicating Routes 3 and 6 are also present at the terminus.

▲ 梳士巴利道上的巴士和人力車，約 1938 年。左方可見一輛往荔枝角的 12 號線巴士， 12 號線巴士總站稍後遷往佐敦道。

Buses and rickshaws on Salisbury Road, c. 1938. A bus serving Route 12 (bound for Lai Chi Kok) is on the left.

▼ 約 1935 年的梳士巴利道，可見一輛由深水埗駛往尖沙咀天星碼頭的 1 號線巴士，巴士頂端裝有廣告牌。

Salisbury Road, c. 1935. A bus serving Route 1 (from Sham Shui Po to Star Ferry Pier) can be seen in the picture. There is an advertising board on its top.

▲ 半島酒店兩旁的梳士巴利道及彌敦道，約 1935 年，可見四五輛巴士。

Salisbury Road and Nathan Road near the Peninsula Hotel, c. 1935. Approximately four to five buses can be seen in the picture.

NATHAN RD. KL.

◀ 尖沙咀彌敦道現華源大廈前的 1 號線巴士（右，往深水埗），以及往九龍塘之 8 號線巴士，約 1938 年。左方位於堪富利士道口的牛奶公司，現為文遜大廈。

A bus on Route 1 (bound for Sham Shui Po) and a bus on Route 8 (bound for Kowloon Tong) on Nathan Road, c. 1938. The Dairy Farm Ice and Cold Storage Company (left) is now the site of Manson House.

▼ 1935 年，上水海關站前的巴士。

A bus in front of Sheung Shui customs station, 1935.

SHEUNG SHUI CUSTOMS STATION (1935)

一九三五年之上水海關站

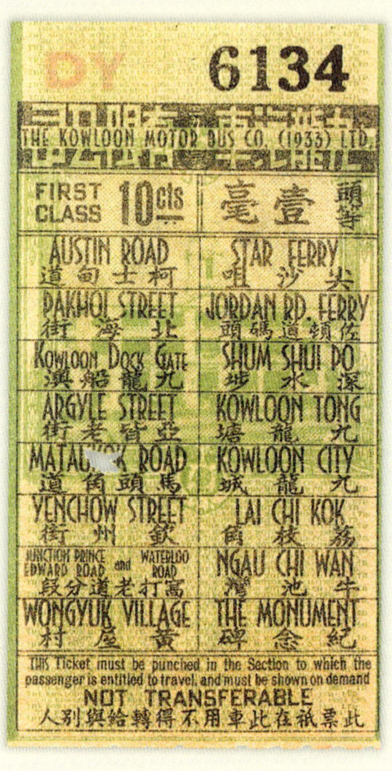

▲ 1930 年代，九龍汽車（1933）有限公司的頭等一毫車票，較為特別的站名有紀念碑及深水埗區的黃屋村。（圖片由吳貴龍先生提供）

A KMB first-class ticket at 10 cents, 1930s. Some of the more unique station names include Wongyuk Village and the Monument.

▲ 1930 年代，九巴的二等五仙車票。油麻地新馬（碼）頭是指由公眾四方街於 1933 年遷往佐敦道的新碼頭，九龍船澳（塢）即紅磡黃埔船塢。（圖片由吳貴龍先生提供）

A KMB second-class ticket at 5 cents, 1930s.

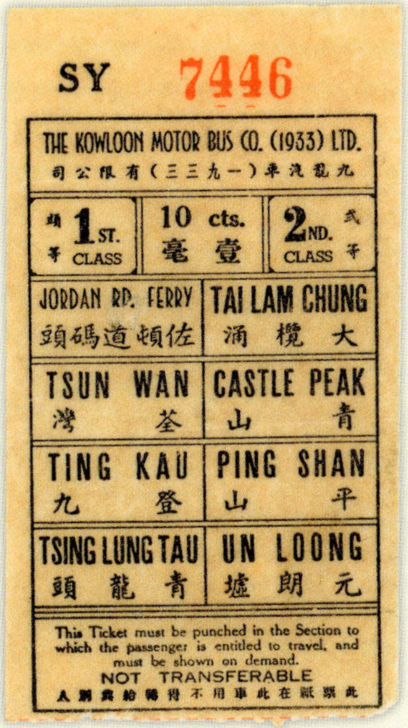

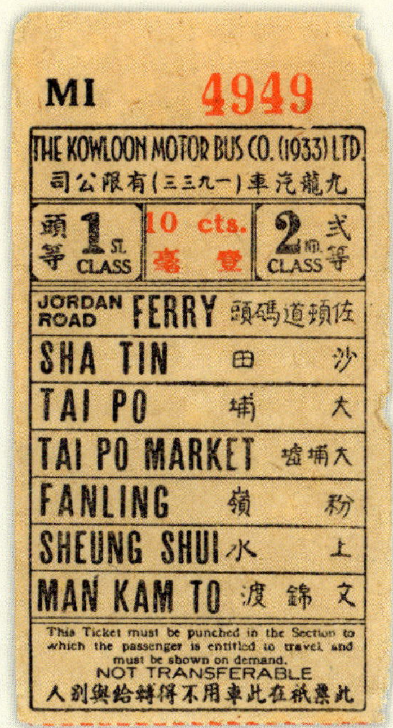

▲ 九巴行駛青山道（公路）的新界路線車票，1930 年代。最短的是由佐頓（敦）道碼頭至荃灣路程的收費，不分頭二等，票價一毫。

A KMB ticket for the bus route along Castle Peak Road, 1930s.

▲ 九巴行駛大埔道（公路）的新界路線車票，1930 年代。最短的是由佐頓（敦）道碼頭至沙田路程的收費，不分頭二等，票價一毫。

A KMB ticket for the bus route along Tai Po Road, 1930s.

第三章

日據期間及戰後

Chapter 3 Buses in Hong Kong during and after the Japanese Occupation

THE BEER
"Call for PHILIP MORRIS"
摩利士上等香煙
STRAIGHT-
SODA-
MILK
NESSY
THREE ST
BUREAU LIMITED
Dairy Farm
HOT DOGS
KOWLOON BUS.
STATION. H.K.

六　日據期間的香港島巴士

Buses on Hong Kong Island during the Japanese Occupation: 1941 – 1945

1941 年 12 月 8 日，九龍受日軍攻擊，政府徵用公共汽車公司之汽車（巴士）。

港島之巴士須開往加路連山車廠，九龍及新界巴士則須開往威非路軍營馬場外之車場，以及漆咸道軍用球場集合。當時港九市面上只剩下 40 輛巴士行駛。

因受政府徵用的影響，第 3、4、6 及 7 號之巴士路線，部分時段被迫停駛，行走平路之巴士則照常。

1941 年 12 月 25 日香港淪陷之後，港島包括巴士在內之所有車輛，被集中置放於加路連山南華會球場、海軍球場（現中央圖書館所在的一帶），以及跑馬地香港會球場，期後大部分被運往日本。

▲ 1941 年 12 月，在九龍炮轟港島的日軍。

Bombardment of Hong Kong Island from Kowloon by Japanese troops, December 1941.

淪陷期間的1942年1月中，港九的巴士恢復行駛，港島巴士由「香港乘合自動車株式會社」辦理，只有兩條路線，如下：

1號線	由大坑至山王台（堅尼地城）
2號線	統一碼頭至大學堂

車輛遠遠不足需求，日軍當局指出：「因軍事上的需要，民用車船自然所餘不多了。」

1942年10月1日，「香港乘合自動車株式會社」與「九龍乘合自動車株式會社」合併，成為一「香港自動車運送會社」。

新會社由中華汽車有限公司、九龍汽車有限公司、金邊的士公司、明星的士公司等聯合辦理，屬「華人資本經營」，其中一位股東為鄧肇堅，並稱「只有幾位日籍顧問負責指導」。會社的總事務所設於畢打街於仁行3樓。

新會社經營的港島巴士路線如下：

巴士路線		數量	車費
1號線	天星碼頭至元香港（香港仔）	七輛	軍票三十錢（港幣六毫）
2號線	天星碼頭至大學堂	四輛	軍票十錢
3號線	天星碼頭至赤柱	一輛	軍票四十錢

原來由大坑至山王台（堅尼地城）的1號線，因有電車行走而取消。

1943年4月5日清明節，市民多往薄扶林、雞籠灣及元香港（香港仔）一帶掃墓。香港自動車運送會社，派出九輛巴士接送乘客，規定乘客先買票，後上車。

6月，開始縮減巴士班次。

8月12日，為節省燃料，往香港仔的1號線總站，由天星碼頭改為西營盤西邊街。

1943 年 8 月 20 日，為免擠擁，港島規定在總站上車的乘客必須先購票才上車，中途上車者則可在車上購票。當時，大部分巴士連同零件已被運往日本。

8 月 25 日，部分巴士早晚只行五小時，午間不開車。

1943 年 9 月 5 日，港九巴士全部停駛。

9 月 21 日，元香港及赤柱的巴士恢復行駛。

1944 年 2 月 25 日，港島只有兩條巴士路線，分別為西邊街口至元香港（香港仔），以及八幡通（莊士敦道）與菲林明道交界至赤柱，但只限於持「出勤證」的公務員乘搭。

4 月 4 日，當局曾打算仿效廣州，改用木炭作巴士及汽車燃料以代替燃油，但車輛需改裝而且容易損壞，似未實行。

1944 年 8 月 18 日，港島巴士恢復載客，東線由銅鑼灣區役所至畢打街，車費為軍票二円半（港幣十元）；西線由畢打街至西邊街，車費一円半。西邊街至元香港線照常行駛，但只限公務員乘搭。

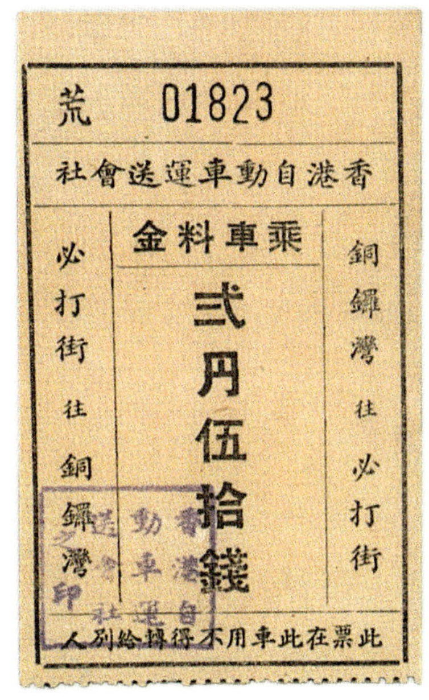

往來銅鑼灣與必（畢）打街間的巴士車票，1945 年。

A bus ticket for travel between Causeway Bay and Pedder Street, 1945.

1945 年 5 月 15 日，港島西行線巴士改由大坑駛至皇后大道中與威靈頓街之間的何東行。

6 月 2 日，再改為由天后廟道口，經法國醫院、保良局、春日區（鵝頸）區役所前的蘭亭（禮頓的另一讀音）、競馬場、養和醫院、灣仔峽道（皇后大道東）口「石筆」（摩利臣山道之一座石紀念碑）、天樂里、八幡通（莊士敦道）、軍器廠街、花園道至畢打街票價十円。到了 7 月 23 日，票價由十円升至十五円（六十港元）。大半個月後，日軍投降。

日軍投降後的 1945 年 9 月 22 日，戰前由統一碼頭至跑馬地的 1 號線巴士恢復行駛，但只有一輛巴士。到了 9 月 26 日，由水坑口街至大坑的巴士復駛。

10 月 3 日，1 號線增加一輛復修好的巴士投入服務，每隔十五分鐘一班，車費二毫。稍後，有更多修好的車輛，以及由英國軍車改裝的巴士加入服務，以增加班次及行走其他路線。可是，到了 1946 年 3 月 14 日，因損壞等原因，港島可以行走的巴士，只有三部。

1946 年 4 月 19 日，當局交幾輛軍車予中華汽車公司改裝為巴士，由 4 月 22 日起，行走淺水灣線，車費一元，稍後的 4 月 30 日，增加由大學堂至香港仔的路線，車費七毫。

▶ 1945 年 6 月 2 日，由「香港自動車運送會社」經營之巴士路線，只有銅鑼灣至必打街的一條，圖為路線站及時間表。

A route map and timetable for the bus route from Causeway Bay to Pedder Street, operated by the Hong Kong Motor Transport Company (the only bus route at that time), 2 June 1945.

巴士路線時間變更

今日起由銅鑼灣經跑馬地至必打街

（特訊）香港自動車運送會社之巴士路線，前往一度展至何東行，現由今日起，復以原日必打街一處爲終站，而將路線展入跑馬地方面，以便該區搭客，其路線編定如下：

▲路線▼

銅鑼灣（天后廟道）—法國醫院前—保良局—春日區區役所前（閘亭）—競馬場（青葉峽）—養和醫院前—灣仔峽道口（石筆）—天樂里—八幡通（東方戲院前）—軍器廠（大佛）—花園道口—必打街。

新路線行車時間亦經編定如下：

▲時間▼

㈠銅鑼灣開必打街

上午開行時間：

八點卅分　九點十分　九點五十分　十點三十分

十一點十分　十一點五十分　十二點三十分

下午開行時間：

三點十分　四點廿分　五點正

五點四十分　六點二十分

㈡競馬場開必打街

上午開行時間：

八點四十分　九點二十分　十點正　十點四十分

十一點廿分　十二點正　十二點四十分

下午開行時間：

三點五十分　四點三十分　五點十分

五點五十分　六點三十分

㈢必打街開銅鑼灣

上午開行時間：

八點五十分　九點三十分　十點十分

十點五十分　十一點卅分　十二點十分

下午開行時間：

三點二十分　四點正　四點四十分

五點二十分　六點正　六點四十分

㈣必打街開競馬場

上午開行時間：

九點正　九點四十分　十點二十分

十一點正　十一點四十分　十二點廿分

下午開行時間：

三點三十分　四點十分　四點五十分

五點卅分　六點十分　六點五十分

七 日據期間的九龍及新界巴士

Buses in Kowloon and the New Territories during the Japanese Occupation: 1941 – 1945

1941 年 12 月 8 日，日軍攻佔九龍，政府徵用巴士，下令九巴所有車輛全部開往尖沙咀漆咸道的軍用球場集合。

1942 年 1 月中，香港及九龍已淪陷，九龍巴士由「九龍乘合自動車株式會社」辦理，行走以下的三條路線：

	路線	車費
1 號線	尖沙咀碼頭經鹿島通（太子道）至九龍城	軍票十錢（港幣二毫）
5 號線	旺角至上水	
2 號線	紅磡至尖沙咀碼頭	
6 號線	深圳經粉嶺至沙頭角	

3 月 13 日，九龍巴士十分擠擁，憲令部下令九龍乘合車株式會社，不准讓乘客攀立車邊，或從窗口攀入和越出。憲警在路口檢查巴士，若發現太擠擁則指令部分乘客下車。

7 月 1 日，英軍於去年 12 月攻防期間，設於天星碼頭廣場的障礙物已被拆除，由即日起，巴士總站由東亞（半島）酒店遷回碼頭廣場原處。同時，增加尖沙咀碼頭至欽州街的 2 號線，以及尖沙咀碼頭至青山道的 3 號線。

▼ 油麻地香取通（彌敦道），由右方的南京街北望，1942 年。可見三部巴士。

Kitori Street (Nathan Road) in Yau Ma Tei, looking north from South Nanking Street (right), 1942. Three buses can be seen in the picture.

1942 年 10 月 1 日，香港乘合自動車株式會社，與九龍乘合自動車株式會社合併，成為一間「香港自動車運送會社」。改組後的機構，提供以下的六條九龍及新界路線：

	路線	輛數	車費
1 號	尖沙咀碼頭至九龍城	10 輛	10 錢
2 號	尖沙咀碼頭至欽州街	4 輛	10 錢
3 號	尖沙咀碼頭至青山道	5 輛	10 錢
4 號	尖沙咀碼頭（經紅磡）至九龍城	4 輛	10 錢
6 號	深圳經粉嶺至沙頭角	2 輛	40 錢

1943 年 7 月 15 日，交通部長高松宣佈，為節省燃料，由 8 月起將減少九龍巴士車輛，縮短路線並撤銷多個「間站」。實施後，市民須候車很久才可乘搭。

日本當局因「擴建機場」，大量九龍城居民被迫他遷或歸鄉。當局亦將九龍城的巴士總站，先後遷往九龍醫院前及亞皆老街中華電力公司前。

8 月 17 日，縮短後的九巴新路線如下：

1 號	尖沙咀碼頭至窩打老道
2 號	尖沙咀碼頭至界限街
4 號	尖沙咀碼頭至土瓜灣
5 號	旺角至荃灣
6 號	旺角至上水

往新界的 5 號和 6 號線，不設固定車站，有客上、落車才停車。同時，取消了由尖沙咀碼頭至深水埗青山道的 3 號線。

九巴亦在車上分開出口和入口，加裝鐵閘，在行走時關閉，以防有人中途跳車逃避買票。

1943 年 9 月 5 日，巴士全部停駛。

9 月 21 日，往荃灣的 5 號線恢復行駛。

10 月 26 日，增開一條由九龍經荃灣至元朗的巴士線，主要是運載新界的農產品。

11 月 15 日，恢復已停駛的窩打老道市區線，由中華電力前的窩打老道，經香取通（彌敦道）至尖沙咀碼頭，車費為 50 錢。

同時，恢復由元朗經上水至粉嶺火車站的新界線，全程收費二円車票，燃料由「自動車運送會社」搜購。

1944 年 2 月 15 日，九龍經荃灣至元朗的巴士線，改為由旺角開出，經荃灣、青山（屯門）、元朗至粉嶺，每站車費二円半，全程十円。三個月後，車費倍增。

2 月 25 日，九龍市區只餘窩打老道至尖沙咀的一條路線。

到了 4 月 1 日，九龍只餘下一至兩部巴士，於繁忙時間行走上述路線，每三十至四十分鐘一班，車費為 50 錢。

5 月 8 日，此路線的車費升至一円，而由旺角至粉嶺線的全程車費升至二十円。

11 月，此線的終點站由窩打老道延長至九龍城。

1945 年 5 月 6 日起，九龍至新界的巴士改為隔日開行一班。

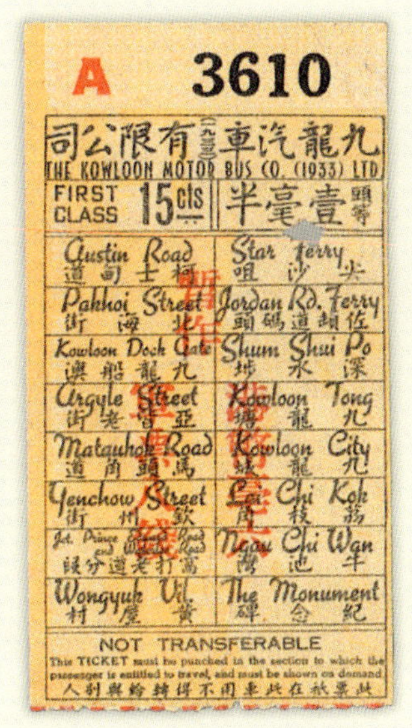

▲ 1942 年的九巴車票，蓋印由港幣毫半改作「港幣毫六、軍票八錢」。（圖片由吳貴龍先生提供）

A KMB ticket at 15 cents, 1942.

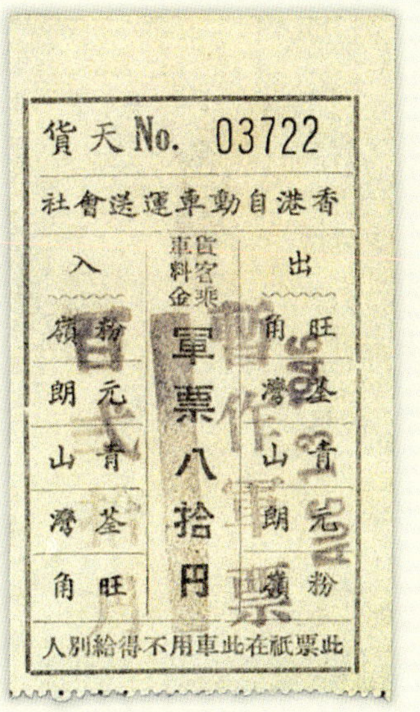

▲「香港自動車運送會社」的軍票八拾円新界巴士車票，於 1945（誤植 1946）年 8 月 13 日，蓋印改為軍票一百二拾円。（圖片由吳貴龍先生提供）

A ticket for a New Territories bus route, priced at eighty yen, issued by the Hong Kong Motor Transport Company, 13 August 1945 (misprinted as 1946).

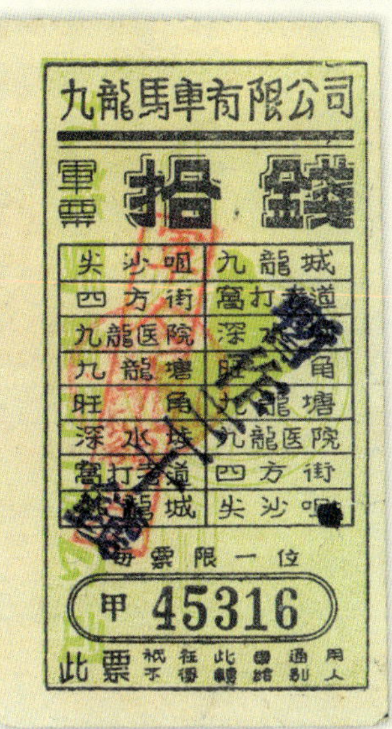

▲ 九龍馬車有限公司的車票，1943 年，蓋印由軍票拾錢改作三十錢。（圖片由吳貴龍先生提供）

A ticket issued by the Kowloon Carriage Company, 1943.

八 戰後的香港島巴士

Buses on Hong Kong Island after World War II: 1946 – 1959

1945 年 8 月 15 日，日本無條件投降。

1946 年 5 月 1 日，取代軍政府的民政府成立，市面復常，但交通工具仍然異常短缺。

5 月 7 日，中華汽車公司有巴士及改裝之巴士共 13 輛，行走 3 號、6 號及 7 號的三條路線。

5 月 13 日，再有往跑馬地的 1 號線，往瑪麗醫院的 4 號線，往大坑的 5 號線，以及原有往香港仔的 7 號線，共有巴士 12 輛，巴士總站由皇家（卜公）碼頭，改設於統一碼頭。

6 月 3 日，開辦由太古船塢西閘至筲箕灣的巴士，以彌補電車未能通往筲箕灣之不足。

1946 年 11 月 4 日，中華汽車公司的總辦事處，設於大佛口的軒尼詩道與莊士敦道口，所在約為現時的溫莎公爵社會大廈。

12 月 19 日，中巴由英運來新型巴士四輛，行走各線，同一日，亦有一市民在德輔道中由巴士跳下受傷，在法庭被法官申斥及判入獄一星期的新聞。

1947 年 10 月 7 日，因巴士不足，於清明節及重陽期間，不少名為「野雞車」（白牌車）的貨車，用「釣泥艋」（在路上招客）方式，非法載客前往各墳場。

◥ 1946 年 4 月 19 日，報章刊載當局將軍用貨車多輛，交予中華汽車公司，改變為公共汽車來往淺水灣的新聞。

A newspaper report on the transfer of several military trucks to CMB for conversion into buses, 19 April 1946.

▶ 因巴士不足，不少腳踏三輪單車載客行走市區，圖為一輛位於干諾道中與急庇利街交界者，約 1947 年。

A pedicab at the intersection of Connaught Road Central and Cleverly Street, c. 1947. Due to a shortage of buses, many pedicabs were used to transport passengers around the urban area at that time.

復活節 加派軍用車 來往淺水灣

（本報訊）今日為復活節假期，各機關及商行均休息，多作郊外旅行，而淺水灣爲郊外休憩地，居民多往遊覽，當局爲利便居民遊樂起見，特撥出軍用貨車多輛，飭由中華公共汽車公司暫改裝爲公共汽車，於今（星期五）日，明（星期六）日，及星期日，星期一日等四天，行走淺水灣，定每小時行車一次，頭車在皇家碼頭開上午十時，尾車開下午七時，由淺水灣頭車開上午十時半，尾車開下午七時半，車費收一元。

11 月 6 日，中巴由英國運到新巴士 18 輛，加緊裝置後，有 4 輛先投入服務。

12 月 13 日，港島巴士罷工，警方為維持本港交通，於昨日徵求九龍貨車來港行走。各車皆為運輸汽車，一如現時行走新界深圳公路的車輛，以及復員初期的車輛。可於車上加設木椅。有 30 輛接受，將被分派行走港島各線。惟最後被罷工糾察阻止，未能行走。

12 月 20 日，港中巴工人罷工。「摩托交通總會」，派出在新界行走之貨車改裝巴士，於一兩天內開始，在港島行走。

1948 年 4 月 21 日，黃泥涌坳（峽）附近，多名賊人夜劫往赤柱之 6 號巴士，搭客及職工均被搜掠一空。

5 月 24 日，中華巴士的座位全部改用沙發（梳化）椅。

1948 年 10 月 4 日，港九之改裝巴士，已有多輛被淘汰。

由戰後開始，巴士已取消二等收費，但將設分段收費。

1948 年 10 月 16 日起，由大坑往水坑口的 5 號線巴士，改為往堅尼地城。

10 月 17 日，附有雙座位之腳踏車（孖車單車）以及單座位（載一客）之「單（單人）車」，於巴士休息後載客，當局予以取締。

11 月 26 日，中巴之「梯靈史提芬」巨型巴士 20 輛，將行走以 5 號線為主的各條路線。同日，香港仔至赤柱的 7 號 A 線恢復行走。

1949 年 11 月 12 日，油蔴地小輪船公司，往來灣仔杜老誌道至佐敦道之新渡輪航線開始服務。中巴新開設

▲ 由天星碼頭（左）至統一碼頭（右）的干諾道中，約 1947 年，馬路上及右下方統一碼頭的巴士總站一帶，可見六、七部巴士。（圖片由吳貴龍先生提供）

Connaught Road Central, between the Star Ferry Pier (left) and the United Pier (right), c. 1947. Approximately six to seven buses are visible on the road and near the bus terminus of the United Pier on the lower right.

一條由杜老誌道至筲箕灣的 8 號巴士線，九巴則新設一條由佐敦道碼頭至牛池灣的 14 號線。

1950 年，中華汽車公司的巴士，由 1948 年的 77 輛，增加至 140 輛。在三年內，將 2 號線由太古船塢延長至筲箕灣，又闢 8 號線和恢復 5 號 A 及 7 號 A 線。1950 年的巴士數量，已超過戰前的 107 輛。

票價方面，市內線如 1 號、2 號、3 號、5 號及 10 號的票價仍為二毫。郊外線經減價後的收費如下：6 號赤柱線為九毫，6 號 A 淺水灣線為六毫，7 號香港仔線為五毫。

一年前電車罷工期間，市區各線巴士皆擠擁不堪，尤其以 2 號線為最。各線皆有輪候乘車長龍，有排隊等候了一小時而未能上車者，情況一如淪陷時期輪米。

公司於 1949 年運到 10 輛「梯靈史提芬」巨型巴士，派往各線行駛，但司機缺乏，要加速培訓以配合。

中巴亦曾決定向英訂購雙層巴士在港島行駛，但終未成事。該公司於 1950 年共有 11 條巴士路線，計為：

1 號	統一碼頭至跑馬地
2 號	統一碼頭至筲箕灣
3 號	統一碼頭至大學堂
4 號	統一碼頭至瑪麗醫院
5 號	大坑至堅尼地城
5 號 A	跑馬地至堅尼地城
6 號	統一碼頭至赤柱
6 號 A	統一碼頭至淺水灣
7 號	統一碼頭至香港仔
7 號 A	香港仔至赤柱
8 號	灣仔碼頭至筲箕灣

1948 年 12 月，中華巴士新訂，各線行車時間及收費的通告。

A notice issued by CMB on the bus schedules and fares of various bus routes, December 1948.

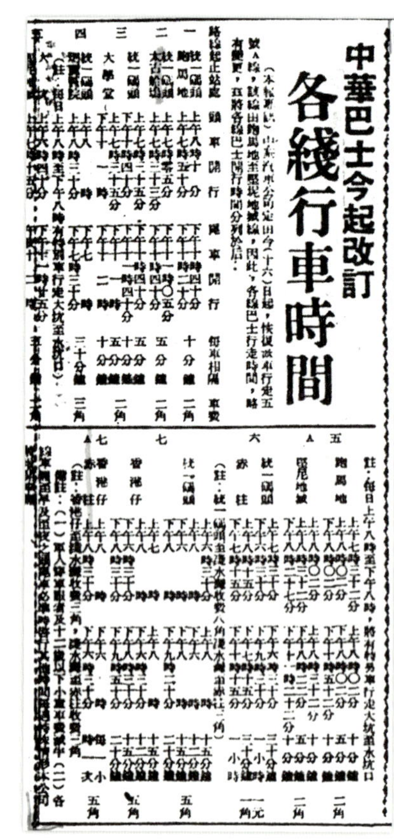

中華巴士今起改訂各綫行車時間

（本報新訊）中華汽車公司定由今（十六）日起，恢復該車行走五號A綫，該綫由跑馬地至堅尼地城，因此，各綫巴士行走時間，略有變更，茲將各綫巴士開行時間分列於后：

▲ 郵政總局前的一段畢打街，約 1947 年。右上方的卜公碼頭前的干諾公爵像已被日軍取去，只餘石座。當時為雙程可行對頭車之畢打街，到了 1958 年 11 月起，才改為一如現時的單行線，干諾道中的車輛，不能轉入畢打街。

A section of Pedder Street in front of the General Post Office, c. 1947. At that time, Pedder Street was a two-way street. Starting from November 1958, it was converted into a one-way street as it remains today, preventing vehicles on Connaught Road Central from turning into Pedder Street.

▲ 一輛停泊於皇后大道中何東行的「白水箱」型巴士，約 1949 年。由左起的第四間舖為皇后大道中 181 號的恒生銀號，即現時的恒生銀行。（圖片由巫羽階先生提供）

A 'Tilling-Stevens Express' bus parked at Ho Tung House on Queen's Road Central, c. 1949. The fourth shop from the left is Hang Sang Yinhao at 181 Queen's Road Central, where Hang Seng Bank is now situated.

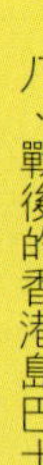

1951 年 4 月 15 日，中巴於明日起增設一 9 號線，由筲箕灣愛秩序灣，經香島道（柴灣道）、石澳道而至石澳，以西灣墳場為中站，全程票價七毫。

1952 年 4 月 16 日，大坑至石塘咀之 5 號 B 巴士線，今日起開始行駛。

同年 12 月 9 日，因現為金鐘道的一段皇后大道東進行大維修，多線途經的巴士停駛。油蔴地小輪船開闢由中環至灣仔的小輪。

1953 年 9 月 16 日統計指出，港九共有巴士 520 輛。

1954 年 5 月 3 日，中巴向英國訂購「機器置於車底」的新式巨型巴士多輛，每輛可載客 60 人。

而該公司訂購之中型巴士 20 輛經已抵港，用作行走 3 號、6 號、6 號 A、7 號、7 號 A 及 9 號等路線。由 8 月 16 日起，前述的「郊區路線」巴士，將設分段收費。

由 8 月 16 日起，統一碼頭至西摩道的 12 號線巴士開始行駛。由灣仔碼頭至大坑道與樂活道交界之 11 號線巴士開始服務。

1956 年 3 月起，10 號線巴士總站，由水坑口遷往西營盤東邊街。

1956 年 4 月 13 日，皇后大道中，以及迄至石塘咀山道的皇后大道西，改為由東至西的單行線（單程路），往東行的巴士改行德輔道西及德輔道中。

早於 1950 年 4 月 30 日，中巴投得英皇道與琴行街交界，其車廠毗連的地段，用以興建新廠房大廈及員工宿舍（所在現時為港運城及成坤廣場）。

1956 年 6 月 17 日，中巴有兩部特製之遊覽專車，可供租用。

▲ 由德己立街西望皇后戲院及皇后大道中，約 1952 年。左中部的勝利大藥房及背後的商務印書館前，有西行及東行巴士各一輛。

The Queen's Theatre and Queen's Road Central, looking west from D'Aguilar Street, c. 1952. In front of the Victoria Dispensary in the middle left, there is an eastbound and a westbound bus.

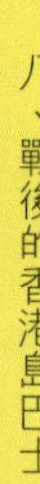

7 月 17 日，乘巴士或電車接近窗口，或伸頭出窗外，被路人搶去帽子，被稱為「射盔」。而將戴錶的手擱於窗上，手錶被路人搶去，被稱為「射崑崙」，情況日趨嚴重。

10 月 29 日，因車輛不足，巴士守閘員與搭客的衝突日增，為減少爭執，輿論呼籲巴士公司應訂明守閘員之職務。

1957 年 3 月，中巴向英訂購之「基（GUY）」廠新型巴士十輛運到，此種中型巴士適合行走 1 號的跑馬地線。

4 月 21 日，中巴正在北角英皇道興建辦公樓及修理廠，其總辦事處是設於北角七姊妹道。

當時，中巴共有巴士 195 輛，過去一年共載客 6,700 萬人。

9 月 23 日，中巴再向英國訂購「機器設於車底」之巨型大巴士及中型巴士多輛，將陸續抵港，年內派出行走。巨型大巴士將加入 2 號、5 號、5 號 A 及 10 號線行走。

1957 年 4 月 15 日，位於皇后大道西薄扶林道口，以及水街口以西「龜背」（太平戲院所在的山坡）上的兩個巴士站，將分別向東及西遷移約十多個舖位的距離，以改善兩個路口的交通狀況。

5 月 27 日，連場大雨，將司徒拔道及大坑道間的大量山泥，一直沖至路中心有一大明渠的浣紗街，再湧至銅鑼灣道，令致途經銅鑼灣道的 2 號 5 號及 5 號 B 線的巴士停駛或改道，要到 5 月 30 日才恢復舊觀。

9 月 12 日起，中巴之 11 號線，設「學生特別班」，由上午 7 時 30 分起以便學生及上班之工人。

▲ 約 1950 年，泊於統一碼頭前的巴士三輛。左中部可見往深水埗的小輪及往佐敦道的第一代客車渡輪。

Three buses parked in front of the United Pier, c. 1950. A ferry bound for Sham Shui Po and the first generation vehicular passenger ferry are on the left.

▼ 由砵典乍街西望統一碼頭，約 1952 年。前方之往離島及旺角小輪碼頭的旁邊是中環巴士總站。

The United Pier, looking west from Pottinger Street, c. 1952. The Central Bus Terminus is next to the ferry pier.

HYF

▲ 1953 年 6 月，慶祝英女皇加冕時的統一碼頭。右方為中環巴士總站。

The United Pier during the celebration of Queen Elizabeth II's coronation, June 1953. The Central Bus Terminus is on the right.

E II R
7. VEHICULAR FERRY,

除現有由西營盤至北角之10號線外，由統一碼頭至大坑的5號B線，將於10月中起伸延至北角。北角邨之巴士總站於1958年5月2日啟用，隨即興建有蓋候車站。

11月3日，8號線由灣仔碼頭往柴灣之巴士，今日起改用大車，有坐位38人，企位12人。

1957年12月30日晚上，因天雨路滑，一巴士在軒尼詩道422號越過騎樓底行人道，險些撞入保安堂熟藥店及泉和燒臘店，提早入店「拜年」，鄰近為大三元酒家。

1958年2月10日，北角邨廉租大廈前廣場有往九龍城的汽車渡輪及往紅磡的渡輪碼頭，亦設有一包括10號線及5號B線巴士總站。一年後，有意見認為由統一碼頭開往北角邨的5號B線，總站應延伸至鰂魚涌麗池大廈，因2號及8號線的巴士，雖經過這一帶，但多掛「滿座」紅牌，大量候車者飽嘗「無車可乘」之苦。

4月9日，在半山區關麥當奴道與堅尼地道間之巴士線，短期內難實現。因沿線多屬殷富之家，是否增設巴士線視作等閒，因住客均為有車階級。

7月4日，港島之雙層巴士將於本年10月間運到，過往因港區車輛特多，街道狹窄而遲遲未實行。

7月11日，有市民投訴港九兩間巴士公司，從英國購入來港安裝之巴士，大部分是只適宜天氣寒冷時間較長之英國及北歐地區所用者，其車身之設計，全是抵禦寒風與下雪，兩間公司竟以此等不合香港天氣之車輛，於華氏90度之氣溫下行駛，實屬不當，乘客進入巴士即如置身火爐之上。

1958年11月15日，為疏導禮頓道「樽頸」的交通阻塞，當局在「鵝頸坑」明渠（寶靈頓運河）上，加蓋闢路一段十六呎半的馬路橋，供東行線的巴士由禮頓道轉入堅拿道西，越經此新路，再經堅拿道東循禮頓道東行。

▲ 約1949年的干諾道中，右方為砵典乍街。可見三輛由統一碼頭總站開出的巴士。右方兩部巴士之間，可見一沿岸堤扶梯登上干諾道中的艇娘。

Connaught Road Central and Pottinger Street (right), c. 1949. Three buses departing from the United Pier Bus Terminus are on the right.

▶ 由砵典乍街東望德輔道中，約1952年。右方為利源西街，左方可見一停於《工商日報》（現招商永隆銀行所在）前的巴士。

Des Voeux Road Central, looking east from Pottinger Street, c. 1952. Lee Yuen Street West is on the right. Kung Sheung Daily News office (now the location of CMB Wing Lung Bank) is on the left, with a bus parked in front of it.

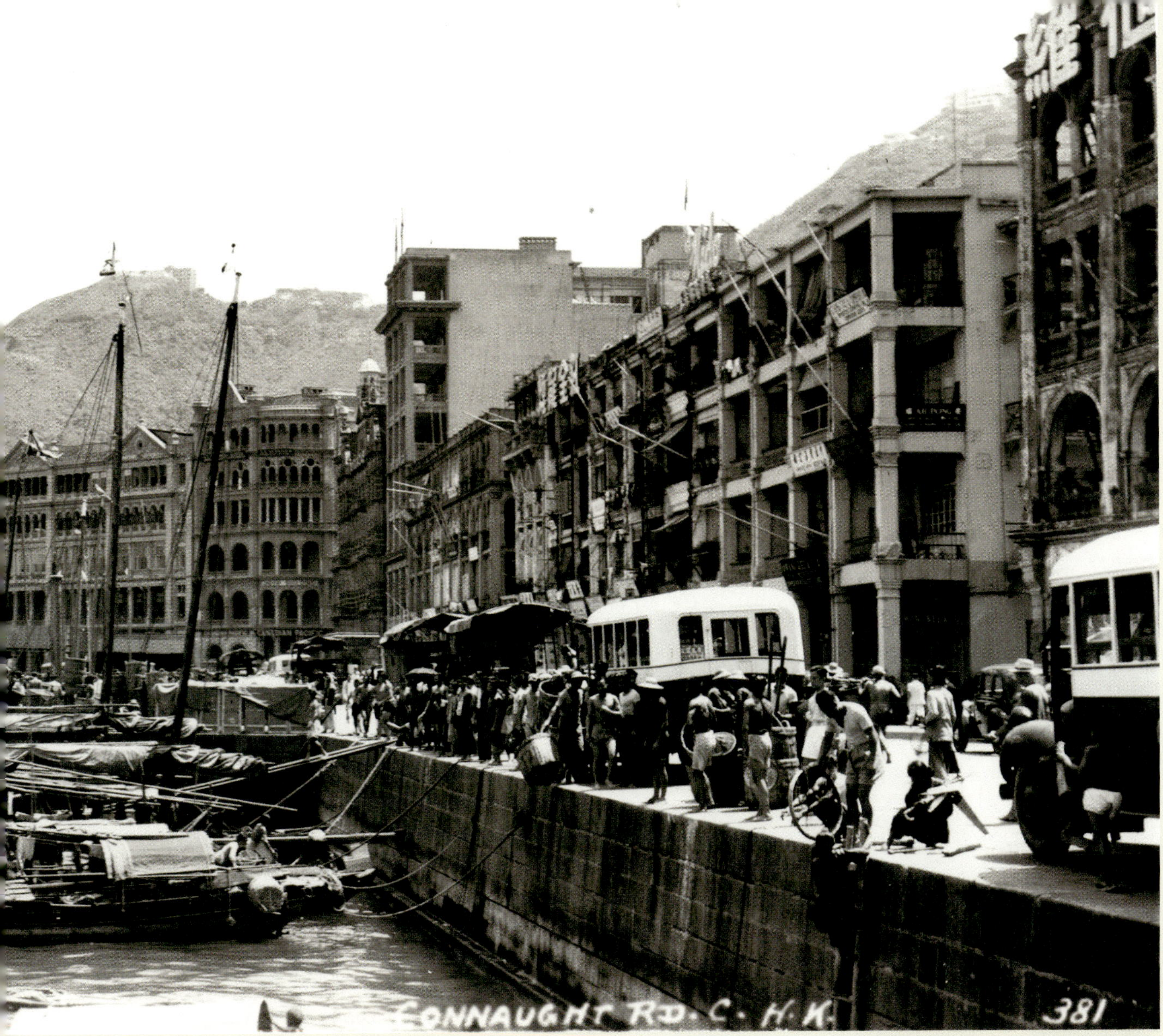
CONNAUGHT RD. C. H.K.
381

SMOKE
GOLD FLAKE
味の素
天和堂
萬興行
DES VOEUX ROAD H.K.

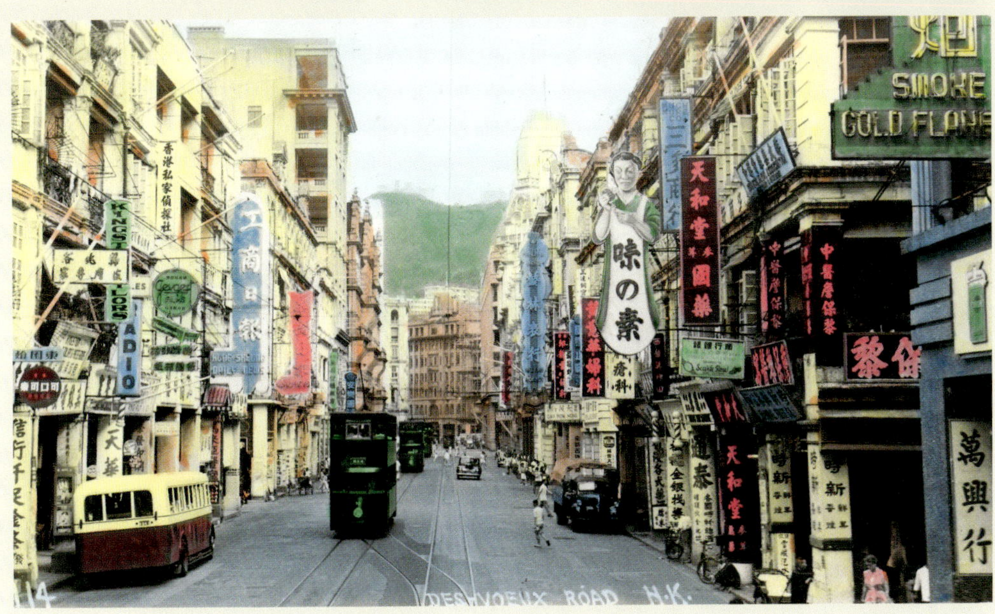

11月18日起，畢打街由行「對頭車」的雙線，更改為由皇后大道中至干諾道中單線行車，所有車輛不能由干諾道中駛入。中巴的3號、3號A及12號的三條巴士線，亦要改道。

12月23日，聖誕期內，中巴大部分路線，尾班車的開出時間，由十二時改為十二時三十五分至四十五分不等。而九巴則無延長，只會增加班次。

1959年1月6日，中巴的收車時間，較九巴為早，一般最遲為午夜十二時。但九巴則較長，以配合渡海小輪的尾班船，方便返九龍之夜歸人，現港巴亦作更改以適應。

1959年7月31日，中巴闢8號A線，行走筲箕灣至柴灣坳的柴灣徙置區，用可載十二名乘客的小型巴士（VAN仔）行駛，今日開行，車費為一毫。

是年，中巴除學生月票外，亦發售一種「郊外線學生半價乘車證」，假期無效。

1958年4月14日，報章的一篇訪問記，可以對巴士售票兼守門員的工作，有初步的了解：

> 中巴的售票員制服，是藍布衫褲。

▲ 約 1959 年的花園道，左方為第二代登山電（纜）車總站其前方有一巴士停車站牌以及一輛 3 號線往大學堂的巴士，停車站牌的「如要停車，乃可在此」的中文「妙句」乃當年的新聞熱點。右方為位於 26 號的美國領事館。

Garden Road, c. 1959. The second generation of the Peak Tram terminus is on the left. In front of it, there is a bus stop sign and a bus on Route 3 bound for the University Hall. The US Consulate General is on the right.

◀ 中環街市西望德輔道中及右方的租庇利街，約 1958 年。正中可見一輛第一茶樓前的 5 號 A 往跑馬地的大型巴士。

Des Voeux Road Central and Jubilee Street (right), looking west from the Central Market, c. 1958. There is a bus on Route 5A (heading towards Happy Valley) in the middle, in front of the Dai Yat Teahouse.

除售票外，還要打鐘示意司機停車及開車，乘客落車打鐘一下，上落完畢打鐘兩下，示意開車。

常發生站立不穩的情形，後來習慣了。

要調往不同巴士路線工作，今天是 1 號，明天是 12 號。除司機外，售票員亦要熟路線。

要利用到達總站時的十分鐘吃飯時間，往往易患胃病。

在擠滿包括學生的搭客群中工作，十分辛苦，尤其是夏天，會迫致滿頭大汗。

不能讓帶着一大重擔的搭客上車，一被稽查查到，會被炒魷魚（解僱）。

好的售票或守門、守閘員，應扶老攜幼及協助婦孺上落車。

月薪 220 元，算是高薪，不容易被裁員，又可免費乘巴士，是一份很好的職業。

同年 7 月 21 日，另一售票員在訪問中表示，每月平均收入總有 300 元以上，生活安定。

1958 年 11 月 10 日，中巴 2 號線的大型巴士前後皆有一名售票兼守門員。不時因忙於售票而要乘客自行拉開車門落車。

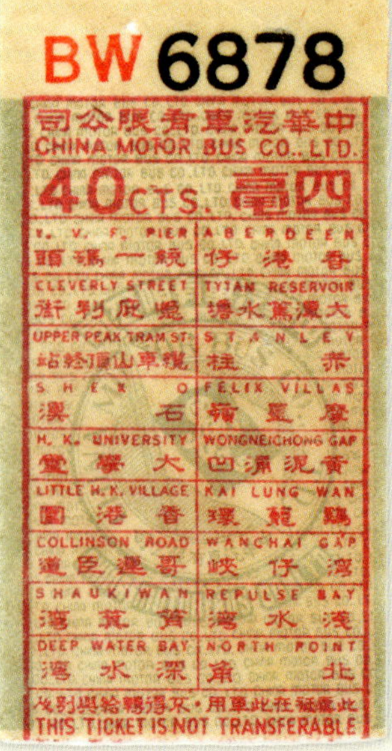

◀ 和平後的四毫車票及 1950 年代的五毫車票。

A 40-cent ticket after the Japanese Occupation and a 50-cent ticket in the 1950s.

▶ 中華汽車公司 1950 – 60 年代的換車票券。

Four coupons issued by CMB, 1950s to 1960s. The coupons must be exchanged for a ticket of equivalent value when travelling.

可是，亦不時發生巴士員工與乘客間的紛爭及鬧上法庭的事件。

1958 年 3 月 15 日，一學生購買一毫之軍人票發生爭拗，在抵皇后大道中蓮香樓巴士站時打傷售票員，被判罰二 25 元。

1958 年 5 月 19 日，因查驗月票，乘客與售票員同在皇后大道中蓮香茶樓前的 10 號巴士站大打出手。

1958 年 10 月 30 日，中巴兩架巴士的司機和售票員，因爭載搭客，於抵北角總站時發生口角，繼而動武。

1958 年全年，中巴用 500 多萬，訂購最新巨型巴士 72 輛，陸續運到及裝配完竣。車身為新型金屬及全裝有「梳化」坐位。1960 年，各郊區線亦全用金屬車廂中型巴士行走。

1959 年 6 月 25 日報載，中巴工人喜在郊外線服務，因大部分乘客是在頭站上車，總站下車者，中途上落客不多，售票員工作清閒，守閘（守門）員亦可減少與乘客磨擦的機會。

由堅拿道西西望軒尼詩道，約1951年。正中可見一輛5號線，由堅尼地城往大坑的大型巴士。左右兩方為英男茶樓及大三元酒家。

Hennessy Road, looking west from Canal Road West, c. 1951. A bus on Route 5 (from Kennedy Town to Tai Hang) is in the middle. Ying Nam Teahouse is on the left, while Tai Sam Yuen Restaurant is on the right.

大三元酒家
中醫趙卓林
大三元酒家

九 戰後的九龍及新界巴士

Buses in Kowloon and the New Territories after World War II: 1946 – 1959

淪陷時期，部分巴士被拆散並秘密收藏，於和平後重新裝配，再度行駛，但三輛巴士零件才可合併為一輛。

1946 年 4 月 11 日，政府將數部軍車撥交九龍汽車（九巴）公司改裝為巴士，行走元朗線。當時，在九龍市區行駛的巴士，共只有八輛。因九龍不如港島有電車行駛，主要交通工具為巴士，故乘客十分擠擁。

該公司原有雙層巴士數輛，正向政府申請准予在九龍行走。

4 月 23 日，尖沙咀至紅磡的巴士恢復，是用一輛由軍車改裝的巴士行駛。

四天前的 4 月 19 日，已有由元朗至沙頭角的巴士服務，三小時一班。同時亦增設由尖沙咀駛經元朗，再往沙頭角的巴士，每日一班。

1946 年 9 月 11 日，九龍市區及新界，共有 20 輛巴士行走，包括由貨車改裝者，計為市區 15 輛，新界 5 輛，嚴重不足。行走新界的只是由貨車及軍車所改裝的巴士。

同時，有多輛私人貨車經過改裝，提供載客服務，九巴以影響公司權益為由，要求當局取締。

▶ 貨車與巴士合作，訂立協議的新聞，1946 年 9 月 11 日。

News of a collaboration agreement between the truck and bus companies, 11 September 1946.

貨車與「巴士」合作 半島交通愈形便利

雙方成立協議今日實行

卅輛加入行走票價一律二角

（本報訊）九龍陸上交通，向賴九龍「巴士」維持，惟因車輛有限，新車尚未運來，故乘少人多，市區交通，頗不便利。惟月來有數拾輛運貨汽車，兼營客運，輔助交通，對市民頗有裨益。（九日）起九龍各方載貨汽車數等，數輛班「巴士」均擠滿搭客，尤以上下午寫字上班散班時為甚。

記者以此特走訪各有關方面，據悉：九龍市區及新界，目下僅得卅輛「巴士」行走，新界分配五輛，市區廿五輛，因車輛過少，不足供應，有部貨車，遂兼營客運，計新界方面約 百架，九龍區內共四十一架，行走月餘，最近九龍巴士公司以貨車于市區行走，對該公司權益不無影響，乃向九龍警方要求禁止貨車行走，警察當局對于舊例與該公司之請求，九月廿日禁止貨車行走，但為市民利益計，與巴士公司及貨車主共同合作，以利交通，雙方乃於十月會談二次，巴士公司向貨車主提出六條件，計（一）貨車若參加巴士線行走，須受其支配，（二）貨車每日所得，應納交百分之卅與該公司，但車費則由巴士公司負納。（三）規定貨車開行時間及指定路線。（四）車票須依照巴士規則二角。（五）巴士亦會隨時派有權查車查票。（六）貨車只准卅架。

貨車主以上條件，因難接納，故是日未成立協議。前昨兩日，所有貨車暫停，並組織九龍汽車同業會辦理此事，昨晨全體會員舉決，遂於今晨九時往訪香港警司辛士茲上校，請求解決，惟昨日下午二時，始由主席馬榮，偕同泉及巴士公司經理偕雙方同署下，先往與九龍警司商，請予調處，經兩小時之詳細商討後，交情成議時，析衷辦法，汽會供給巴士公司貨車卅輛，以補助巴士行走，並受該公司支配，市區只收二角，每日每車納費幣十元與巴士公司，以該輛借其九龍區內行車專利權，但新界方面則不受支配，此外，該卅輛貨車，每車須將其每日所得抽出百分之十四呈納政府，與目下之巴士納稅相同，又代表即將會同利權並見，今後巴士公司需用貨車時，須向該會洽商，不得向外自由僱用，雙方對此辦法滿意，決定由今晨起，雙方正式合作，今後九龍區內將有五十輛載客車輛往來行走，市區交通將較前便利。

但最後，為市民利益起見，九龍汽車公司（九巴）與該等貨車合作，由「九龍汽車同業會」，提供貨車 30 輛予九巴使用，受九巴支配，車費收二毫一程，每部貨車每日繳交港幣十元予九巴。新界方面則不受支配。此外，該會亦要繳稅予政府。

1946 年 9 月 12 日，貨車加入行走後，九龍交通得以改善。

10 月 7 日，九龍市區的巴士增至 16 輛，連同 30 輛「合作」的載客貨車，由尖沙咀前往各區的巴士線，幾乎已恢復舊觀。12 月 10 日，九巴運到新型巴士數輛，開始行走尖沙咀線，又有新車六輛行走九龍城及深水埗線。

到了 11 月 1 日，九巴共有巴士 26 輛，「合作」貨車增至 40 輛，一律改作巴士型式，班次回復戰前的水平。

1947 年 2 月 27 日，當局放寬「九龍汽車同業會」新界貨車（不受九巴支配）的載客限額，由 8 人提升至 20 人。

1947 年 6 月 23 日，有兩部載客之貨車改裝巴士，共載有乘客 20 多人，由旺角開往元朗，在深水埗大埔道被喬裝搭客之劫匪洗劫。

10 月 7 日，九巴增開由佐敦道碼頭至文錦渡的 15 號巴士線，以及一條由元朗經新界公路至文錦渡的第 20 號巴士線。

11 月 24 日，彌敦道的樹木被日軍斬去不少，政府再不能用此理由阻止雙層巴士，九巴已訂購了五輛，料明年春天可開行。

1947 年 12 月 22 日，在九龍行走，用貨車改裝巴士之公司易手，因經營環境惡劣，客少、霸王多及皮費重。

▲ 約 1948 年，天星碼頭及九廣鐵路站前的巴士總站，可見數輛「白水箱」及「金馬」型的單層巴士，而右方的一輛是由貨車改裝者。

Star Ferry Pier and the bus terminus in front of Kowloon-Canton Railway Terminal, c. 1948. Several 'Tilling-Stevens Express' and single-decker Commer buses can be seen in the picture. On the right is a truck converted bus.

BELLEVILLE
THE KOWLOON MOTOR BUS CO. (1933) LTD

▲ 尖沙咀天星碼頭巴士總站，1948 年。可見多輛「白水箱」巴士。右方的部分九龍倉及商舖，於 1968 年改建為星光行。

Several 'Tilling-Stevens Express' buses at the Star Ferry Bus Terminus, 1948. Part of the Kowloon Wharf and adjacent shops (right) were rebuilt into the Star House in 1968.

▲ 一部駛經梳士巴利道青年會前的「白水箱」巴士，約 1950 年。

A 'Tilling-Stevens Express' bus passing through the YMCA on Salisbury Road, c. 1950.

1948 年 3 月 7 日，九龍往元朗之改裝巴士，有搭客約 20 人，在青山道六咪荃灣段被四賊械劫，往荃灣警署報案。

4 月 12 日，昨夜賊劫市區內九龍塘線之 8 號巴士，為戰後市區的第一宗。

5 月 23 日，一輛往來九龍與青山（屯門）之間，特別在星期日及假期提供服務之九巴專車，由青山返九龍時，在青山道（公路）十八咪（現「黃金海岸」一帶），被持有七枝手槍的四名賊人洗劫。

6 月 21 日，一輛貨車改裝之巴士，在沙田失事。

1948 年 12 月 29 日，九龍汽車公司仍有多輛改裝巴士行走新界，十多輛行走市區，難於短期內淘汰。

1949 年 1 月 31 日，九龍巴士實行分段收費。每四個站為一分段，收費一毫，稍後，中巴亦跟隨。到了分段站，售票員或守閘員會高呼「一毫坐晒！」示意分段乘客下車。

同日，一輛 15 號線之改裝巴士，由佐敦道碼頭經荃灣開往元朗，在「九又四分之三咪」之荃灣青山道（公路）上，被四匪登車械劫。

1948 年，九巴向英國訂購雙層巴士 25 輛。

1949 年 4 月 17 日，雙層巴士今日開始在九龍行駛，是往來尖沙咀至九龍城的 1 號線。巴士的上層有座位 31 個，下層有 29 個，另企位 6 個。當天已吸引到大量「巴士迷」的市民，隨即成為風景明信片的「主角」。

同年，再訂購 55 輛，80 輛雙層巴士行走 1 號、2 號及 6 號線。

1950 年 5 月 31 日報載，九龍汽車有限公司的車廠，設於深水埗青山道與營盤街交界。

九廣鐵路站前的大小型單層巴士，約 1949 年。其前為的士及私家車。

Small and large single-decker buses in front of Kowloon-Canton Railway Terminal, c. 1949. Taxis and private cars are in front of the buses.

N RAILWAY STATION
廣九鉄路車站

K.C.R. STATION. H.K.

◀ 1949 年，一輛泊於尖沙咀總站的 2 號，往深水埗的雙層巴士。

A double-decker bus serving Route 2 (bound for Sham Shui Po) parked at the Star Ferry Bus Terminus, 1949.

▼ 尖沙咀碼頭前之的士和多部丹拿 A 型雙層巴士，約 1950 年。

A taxi and several double-decker Daimler A buses in front of the Star Ferry Pier, c. 1950.

同時，九巴在和分段站設置候車欄杆，以維持候車秩序。

1951 年 4 月 15 日，佐敦道巴士總站進行龐大的建設。

8 月 14 日，九巴行走郊外線的改裝巴士，將於 1951 年底全部淘汰。目前仍有佐敦道至元朗之 16 號線巴士，以及行走文錦渡及沙頭角等線之巴士，部分仍用改裝巴士行走。由於改裝巴士經常失事，市民對其印象不佳。

8 月 25 日起，九巴發售學生巴士月票，票價港幣八元，每日用四次，有路線及時間的規定。

1952 年 5 月 26 日，牛池灣線巴士將駛至牛頭角福華村口。

一年後的 1952 年 8 月 16 日，九巴將行走佐敦道至文錦渡的 15 號線改裝巴士撤銷，改用新型巴士行走。

可是直到 1953 年 2 月，往荃灣的九龍巴士仍然稀少，部分居民須乘運貨的貨車。

1953 年 9 月 22 日，九巴增開 16 號 C 巴士新線，由佐敦道碼頭至青山新墟。

▲ 梳士巴利道上的 5 號線雙層巴士，來往尖沙咀碼頭至牛池灣。右中部為現喜來登酒店所在的地段，圖中正在搭建工展會，約 1950 年。

A double-decker bus serving Route 5 (running between Star Ferry Pier and Ngau Chi Wan) on Salisbury Road, c. 1950. Preparations for the Exhibition of Hong Kong Products was underway on the middle right of the picture.

◀ 約 1955 年的尖沙咀碼頭巴士總站，前方可見兩部第二代的雙層巴士。

Star Ferry Bus Terminus, c. 1955. Two second generation double-decker buses are in front of the bus terminus.

Kowloon Bus
Hong-Kong

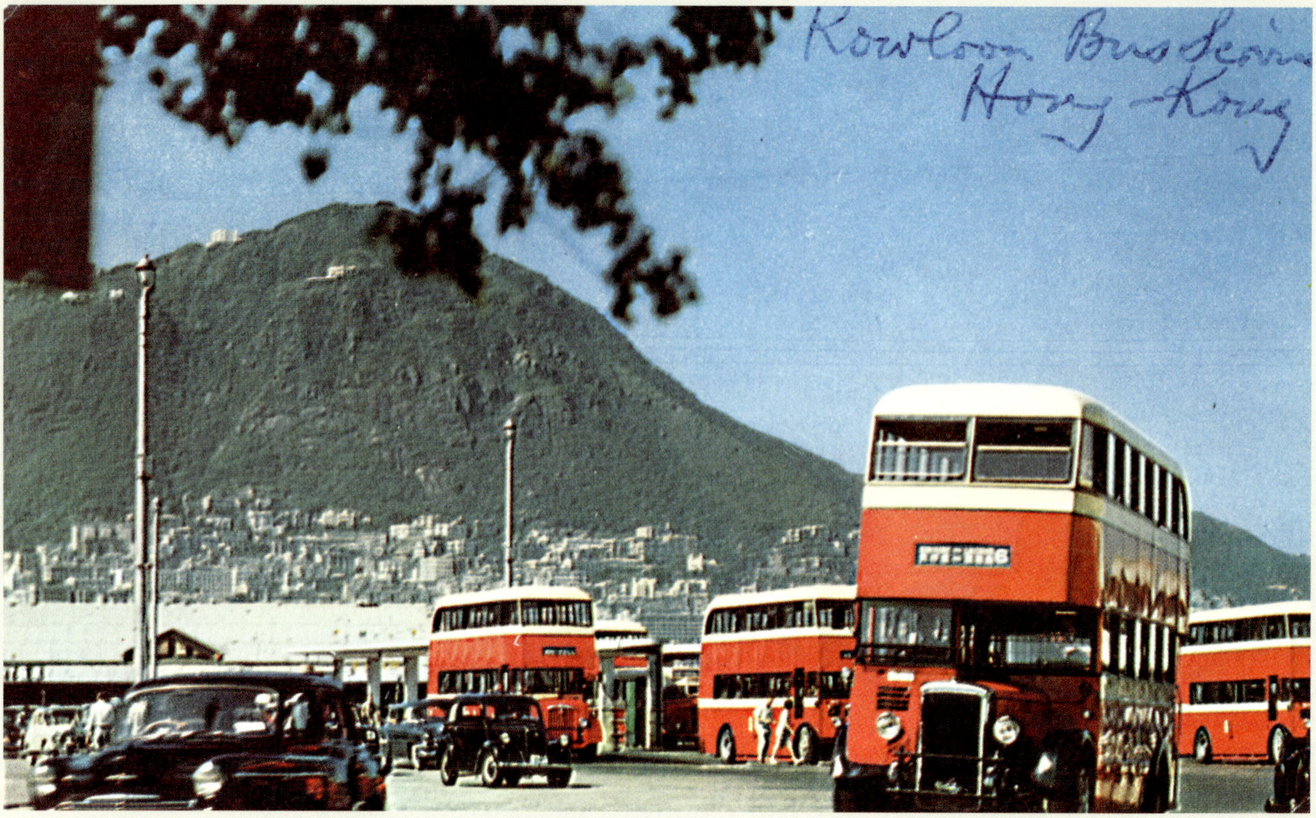

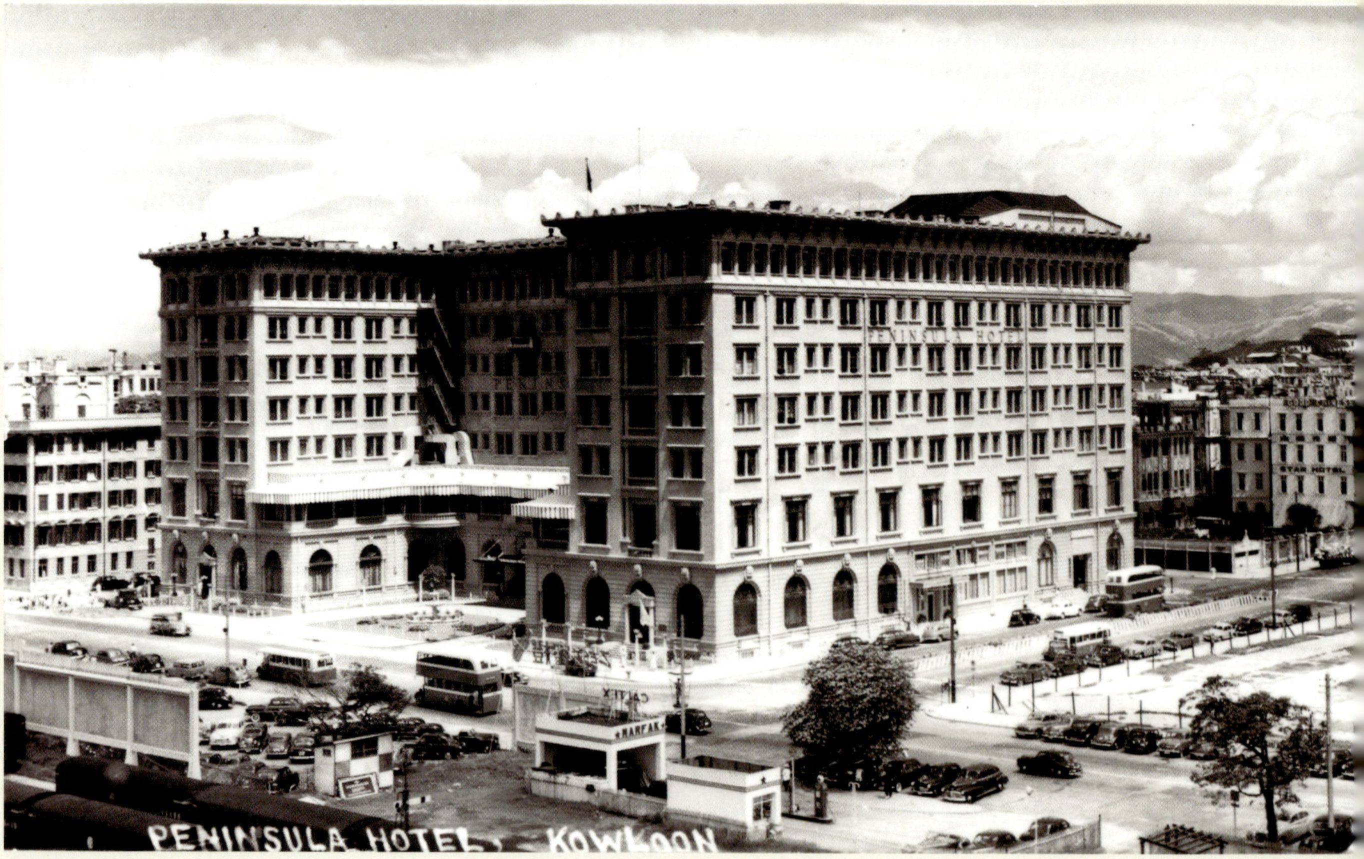

PENINSULA HOTEL - KOWLOON

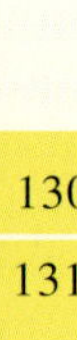

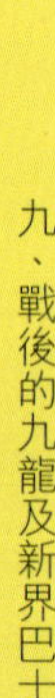

1950 年，九巴共有由 1 至 22 號的二十多條巴士路線，服務九龍和新界，計為：

1 號	尖沙咀至九龍城
2 號	尖沙咀至深水埗
3 號	佐敦道至九龍城
4 號	佐敦道至深水埗
5 號	尖沙咀至牛池灣
6 號	尖沙咀至荔枝角
7 號	尖沙咀至九龍塘（森麻實道）
8 號	尖沙咀至九龍塘
9 號	尖沙咀至牛池灣
10 號	尖沙咀至紀念碑（位於拔萃女書院前）
11 號	佐敦道碼頭至九龍城
12 號	佐敦道碼頭至荔枝角
13 號	佐敦道碼頭至牛池灣
14 號	佐敦道碼頭至牛池灣
15 號	佐敦道碼頭至文錦渡
16 號	佐敦道碼頭至元朗
16 號 A	佐敦道碼頭至荃灣
16 號 B	佐敦道碼頭至十三咪
16 號 C	佐敦道碼頭至青山
17 號	元朗至粉嶺
18 號	粉嶺至沙頭角
19 號	元朗至錦田
20 號	元朗至文錦渡
21 號	九龍城至清水灣
22 號	九龍城至西貢

▲ 尖沙咀碼頭前的第一、二代雙層巴士，約 1955 年。

First and second generation double-decker buses in front of the Star Ferry Pier, c. 1955.

▼ 半島酒店所在的梳士巴利道及彌敦道，約 1953 年，可見雙單層巴士各兩部。

The Peninsula Hotel on Salisbury Road and Nathan Road, c. 1953. Two double-decker buses and two single-decker buses can be seen in the picture.

▲ 在九龍某巴士站賣花籌款的女學生，約 1955 年。

Female students selling flowers for charity at a bus stop in Kowloon, c. 1955.

▶ 蜂擁登上一輛九巴的乘客，以及賣花籌款的學童，約 1955 年。

Passengers swarming onto a KMB bus, and schoolchildren selling flowers for charity, c. 1955.

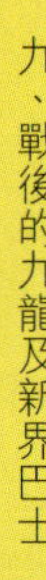

1954 年 1 月 9 日，新界交通當局規定，載客單車不准在巴士來往的路線行駛。

1955 年 8 月 2 日，九巴增闢一條 18 號新線，由元朗經粉嶺公路至粉嶺聯和墟。而由元朗至粉嶺的 17 號線則改為由元朗至沙頭角。

1955 年 11 月 1 日，九巴總經理雷瑞德，公佈最新新界區巴士路線的詳情，包括新增的路線：

15 號 A	佐敦道碼頭至上水
23 號	元朗至大埔墟

以及如下的路線更改：

17 號	元朗至沙頭角
18 號	元朗至聯和墟
19 號	青山至横台山
21 號	九龍城碼頭至大澳門

以下為雷氏公佈最新之新界區巴士路線總表：

15 號	佐敦道碼頭至文錦渡
15 號 A	佐敦道碼頭至上水
16 號	佐敦道碼頭至元朗
16 號 A	佐敦道碼頭至荃灣西約
17 號	元朗至沙頭角
18 號	元朗至聯和墟
19 號	青山至横台山
20 號	元朗至文錦渡
21 號	九龍城碼頭至大澳門
22 號	九龍城碼頭至西貢
23 號	元朗至大埔墟

1956 年 7 月 3 日，由九龍佐敦道至灣仔的小輪開航。為作配合，九巴新增一條由佐敦道至九龍城碼頭之 2 號 A 巴士線。又另設一條由九龍城碼頭至牛頭角之 2 號 B 巴士線。

1957 年 6 月 1 日，九巴的 16 號 B 線，由佐敦道碼頭前往十三咪，改為前往深井。

6 月 25 日，九巴車票印有「二等」字樣，有外國遊客查問究竟為第幾等？該公司早期（戰前）的車票是有頭等及二等者，戰後則只有一種等級。

1957 年 4 月 21 日，九龍巴士公司在土瓜灣達成新廈，作為總辦事處及修理廠，樓高五層。

5 月 4 日，在深水埗桂林街行走的若干線巴士，有呼籲改為行經欽州街，以策安全。

歲晚期間，在新界公路中途候車者大感上車有困難，尤其以大埔至上水、荃灣至元朗的四個巴士總站之間為最。因巴士在總站開出時，均已客滿，且多數為直搭至總站者，中途候車者極難登車。

九巴月票上印有英文之先生（MR）、太太（MRS）及小姐（MISS）。購月票時，公司會將不適用之性別劃去。有人不懂英文冒充使用因而被罰，稽查者目光如炬。

1958 年 7 月 4 日，荃灣於當年被劃入發展為衛星城市，九巴予以配合，將葵涌、德士古道迄至汀九、深井一帶的巴士服務加強，並延長及增加若干條新巴士線。

因九巴車廂設有趟閘，故有守閘員之職位。

1957 年 6 月報載，一守閘員在法庭被法官嚴厲申斥，因守閘員見到一欲登車之搭客站於閘外之梯口，不顧其安危而示意司機開車往警署報案，守閘員指控搭客在行走中登車的罪名。最後，官判銷案，搭客無罪。

▲ 九巴白水箱巴士，1950 年代。

A 'Tilling-Stevens Express' bus opeated by KMB, 1950s.

▼ 九巴的 16 號線來往佐敦道碼頭至元朗的金馬型單層巴士，1950 年代。

A KMB single-decker Commer bus serving Route 16 (running between Jordan Road Ferry Pier to Yuen Long), 1950s.

1959 年 1 月 9 日，一男一女在彌敦道威非路兵房前登上一巴士時，被兩男女扒手扒去 3,500 元。受害者在巴士售票員之協助下，將男女扒手捕獲，召警將其拘往警署。

1 月 29 日，一人持過期月票在清水灣道搭巴士，在九龍裁判署被判罰 25 元。

1959 年 2 月 19 日，20 名九巴司機被交通部控告「不在巴士站停車」，指彼等在停車時距離巴士站太遠，實為罕有之控罪。

▲ 丹拿型雙層巴士，1950 年代。

A double-decker Daimler bus, 1950s

▶ 1950 年代中的第二代丹拿型雙層巴士。

A second generation double-decker Daimler bus, mid-1950s.

▼ 同一巴士的另一角度，1950 年代中。

The same bus photographed from another angle, mid-1950s.

▲ 另一輛金馬型巴士，1950 年代。

Another Commer bus, 1950s.

PUBLIC VEHICLE
HK4035
Daimler

4201

1953 年 6 月，英女皇加冕時的油麻地佐敦道碼頭，可見多部雙單層巴士。

Jordan Road Ferry Pier during the celebration of Queen Elizabeth II's coronation, June 1953. Several double-decker and single-decker buses can be seen in the picture.

murphy
滿天飛
玫瑰餐室
ROSE HOTEL
玫瑰酒店
FAR EAST MOTORS
SALES
OFFICE

▲ 和平後，約 1948 年的油麻地佐敦道碼頭，可見五部單層巴士。

Jordan Road Ferry Pier, Yau Ma Tei, c. 1948. Five single-decker buses can be seen in the picture.

◀ 前方的一部是往九龍城的 1 號。

Nathan Road, looking from the Peninsula Hotel, c. 1950. Three single-decker 'Tilling-Stevens Express' buses can be seen in the picture.

▲ 一輛駛經彌敦道的 16 號線往元朗的貨車改裝巴士，約 1948 年。左方現為眾坊街旁中華書局所在，右後方為加士居道口的普慶戲院，現為逸東酒店。

A truck-converted bus serving Route 16 (bound for Yuen Long), c. 1948. On the left side is the current location of the Chung Hwa Bookstore. The Astor Theater, which is now the Eaton Hotel HK, is to the rear right.

▶ 由山東街北望彌敦道，1954 年。左方的麗斯戲院現為麗斯大廈。當時的馬路中心是供泊車者。最高的是同年落成的第二代滙豐銀行旺角分行大廈（現惠豐中心）。右方雙層巴士旁的一列矮平房，於一年後建成包括瓊華酒樓等多幢樓宇。

Nathan Road, looking north from Shantung Street, 1954. The Ritz Cinema, now transformed into the Ritz Building, is on the left. The road in the middle was designated for parking at that time.

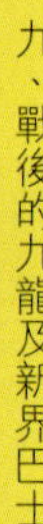

RITZ
麗斯戲院
白金龍
E 211 NATHAN ROAD, KOWLOON.

▶ 約 1950 年的九龍城巴士總站，右方為宋王台石所在之聖山的殘址。左中部城南道的「西南木園」前泊有一輛 1 號線的雙層巴士。西南木園於 1960 年代初開有西南酒樓。

Kowloon City Bus Terminus, c. 1950. A double-decker bus serving Route 1 is on the middle left.

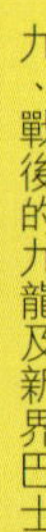

San Miguel Pale Pilsen
PHILCO

▶ 沙田火車站，約 1953 年。右方為沙田墟的店舖。可見泊於大埔道（公路）巴士總站的一部往上水的金馬型巴士。這一帶現時為新城市廣場。

Shatin Station, c. 1953. The shops of Shatin Market are on the right. A Commer bus (bound for Sheung Shui), parked at the Tai Po Road Bus Terminus, is in the middle.

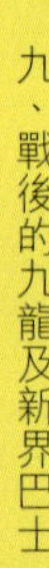

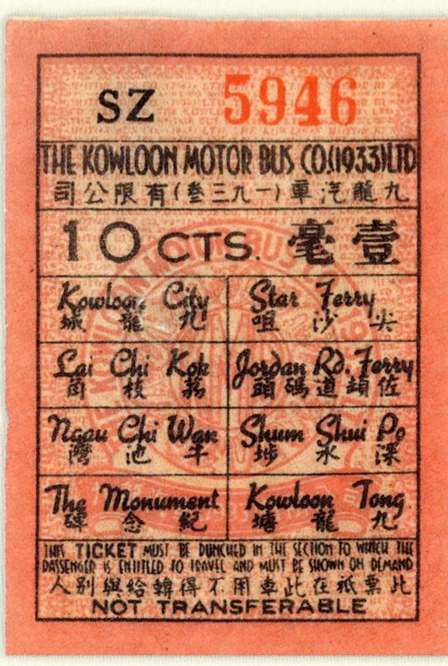

▲ 九巴的市區頭等一毫車票，1940 年代。（圖片由吳貴龍先生提供）

A KMB first-class urban ticket at 10 cents, 1940s.

◥ 九巴的市區二等一毫車票，1940 年代。（圖片由吳貴龍先生提供）

A KMB second-class urban ticket at 10 cents, 1940s.

▶ 九龍 1953 年 11 月份的月票。

A KMB monthly ticket for November 1953.

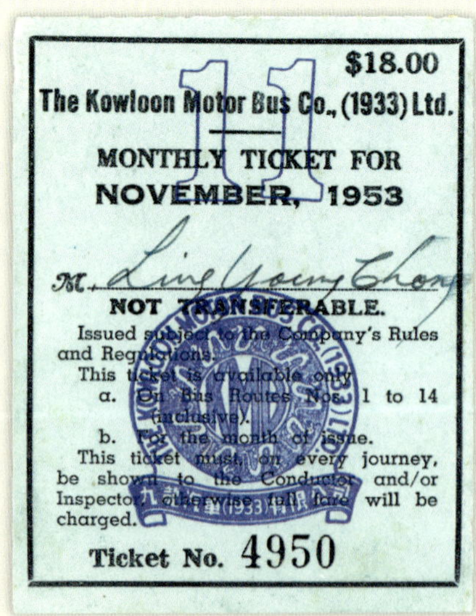

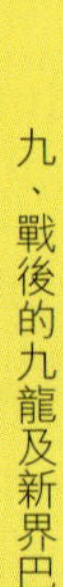

No. 2185

THE KOWLOON MOTOR BUS CO., (1933) LTD.

Date OCT 1955

Name of Holder Chan Shun Wan

Age 16 School DBS

Not Transferable.

This is to certify that the above-named is permitted to travel on the Company's buses at half fare between the hours of 6.00 a.m. and 6.00 p.m. only, this concession is not available on Sundays and Public Holidays.

This PASS must be produced for inspection when travelling otherwise full fare will be charged.

This PASS will be cancelled if the holder does not comply with the above conditions.

THE KOWLOON MOTOR BUS CO., (1933) LTD.

MANAGER.

W.S. NO. 69, 1000. 12-54

此証不得轉交別人

特准上述持證人乘搭本公司巴士可購半價車票但通用時間由每日上午六時至下午六時星期日及公衆假期無效

此證在購票及檢驗時必須交出查驗否則須購足車票

持證人須遵守上列各章否則本公司隨時取消此證

▲ 九巴的學童半價證，是來往元朗至九龍者， 1955 年 10 月。

A KMB student half-fare pass for travel between Yuen Long and Kowloon, October 1955.

第四章

巴士發展的黃金年代

Chapter 4 The Golden age of Hong Kong Bus Development

十 港島實施雙層巴士

Buses on Hong Kong Island: 1960 – 1970s

1960 年起，社會趨向繁榮。高樓大廈在港九大量落成，加上多座廉租屋宇及徙置大廈在各區築成入伙，導致居住人口由以往集中於港島的中西區及油麻地區，改為擴散至多個新發展區以至新界，令到交通工具尤其是巴士的需求大增，發生了不少令人難忘的新聞事件。

1960 年 6 月，一中巴車尾售票員因車內仍未滿座，但巴士標示滿座紅牌而遭辭退。同時，另一車尾售票員因乘客仍未完全踏上車廂，而打鐘示意司機開車，被認為是嚴重過失而遭開除。

當年，前往大學堂的 3 號線巴士，抵達總站後，須立即轉往山道口，輪候開往中環。

巴士公司派有多名稽查員，工作是負責查票，登記發售車票的號碼，查「霸王」沒收使用他人的月票等，每天工作九至十小時，殊不輕鬆。

1960 年 7 月 1 日，有 7 號 A 的巴士線，是由香港仔往赤柱。由即日起，增一輔助線，由香港仔總站前往「新巴黎農場」(所在現為海洋公園一帶)。

同於 1960 年 7 月 1 日，15 號往山頂的巴士新路線，清晨開始行駛，以方便該區的住客及遊客，全程收五毫。由 10 月 1 日起，定為永久路線，全程改為收七毫。

▼ 由中環街市前西望皇后大道中，1961 年。可見一輛 7 號線，來往統一碼頭至香港仔的巴士。

Queen's Road Central, looking west from the Central Market, 1961. A bus on Route 7 (running between the United Pier and Aberdeen) can be seen in the picture.

▼ 中巴車長梁紹桔先生，攝於干諾道中統一碼頭總站，一輛「白水箱」巴士前，1960 年代初。（圖片由梁紹桔先生提供）

Mr. Leung Shiu Kat, a bus captain of CMB, in front of a 'Tilling-Stevens Express' bus at the United Pier Bus Terminus, early 1960s.

▲ 1962 年初起，包括 2 號、3 號、 12 號及 12 號 A 等的若干條路線的巴士，由統一碼頭遷往上環干諾道中與林士街交界，新港澳碼頭前的新總站，此圖約攝於 1963 年。巴士站的背後地段，於晚上是被稱為「新填地」或「平民夜總會」的消閒區。

A new bus terminus (for buses on Routes 2, 3, 12, and 12A) in front of the Hong Kong Macau Ferry Terminal at the intersection of Connaught Road Central and Rumsey Street, c. 1963.

約 1963 年的上環巴士總站。右中部可見一輛 2 號線雙層巴士及上環汽車渡輪碼頭。正中為深水埗小輪碼頭及左方的港澳渡輪碼頭。

Sheung Wan Bus Terminus, c. 1963. A double-decker bus on Route 2 and the Sheung Wan Vehicular Ferry Pier are on the middle right.

▲ 由波斯富街東望軒尼詩道，約 1963 年。正中可見一部 8 號線往灣仔碼頭的「紅番頭」型巴士，其背後右方有兩部「白水箱」巴士，右方的一部往統一碼頭方向。

Hennessy Road, looking east from Percival Street, c. 1963. A Guy Arab Mark V bus on Route 8 (bound for Wan Chai Pier) is in the middle. Behind it, there are two 'Tilling-Stevens Express' buses.

1960 年 9 月 1 日，中巴新開一條 14 號巴士線，由筲箕灣經大潭篤水塘至赤柱。

同時，中巴決定在海軍船塢的新路闢成後，派雙層巴士行走。該新路於 1960 年底落成，初期曾擬名為「船塢道」及「干諾道東」，後來定名為夏慤道。

1960 年 8 月 1 日，一輛泊於柴灣道口，滿載乘客而司機尚未登車的 8 號線巴士，自行滑動沿香島道（一年後亦名為柴灣道），直衝而下，撞向筲箕灣道的石礐，兩死十五傷。該段柴灣道後來亦發生若干宗嚴重交通意外。

9 月 1 日，一輛 2 號線大型巴士，因閃避汽車致撞向干諾道中與畢打街間，干諾公爵紀念銅像的殘留石座，該銅像於淪陷期間被日軍運走，石座亦隨即夷平。

1960 年 10 月 21 日，統一碼頭前巴士總站廣場為危險地帶，被稱為虎口，不少行人被巴士以及由渡輪登岸之汽車所撞倒，招致傷亡。

1960 年 11 月 22 日，中巴開辦工展會場專線，由統一碼頭開往「船塢道」（夏慤道）工展會場。

1961 年 1 月 5 日，中巴巴士售票員，拳打腳踢一便衣女警，被罰款一百元。

1961 年 2 月 2 日，中巴新開一條由灣仔碼頭至柴灣徙置區的 8 號 A 臨時巴士線，以取代現時行走之十二座位小型巴士。

3 月 3 日，過去有團體向兩間巴士公司租用巴士作旅行之用。但因政府於 1960 年修例，公共巴士只能供行走規定之巴士路線，不能出租，引起集體旅行者的不方便。

可是，中巴卻有兩部旅遊車，非作公共巴士用途，故可以出租。

1961 年 3 月 31 日，海軍船塢新馬路（曾有消息謂定名為「干諾道東」）通車。1 號巴士於 4 月 1 日起經該新路行走。新馬路稍後名為夏慤道。

4 月 21 日，英女皇壽辰港督府辦園遊會，中巴有特別巴士接送賓客，來往天星碼頭停車場至督轅，全程收二毫。

1961 年 4 月 24 日報載，由和平後開始，港九巴士向無「斗零」（五仙）車票發售，因小童及軍人乘坐巴士分段，亦無半價優惠。1961 年 5 月 14 日，四女二男在筲箕灣道，於爭上車時爭執，在巴士內打架，司機將車駛往警署，各被判罰十元。

1961 年 7 月 1 日，環島步行比賽舉行，路線是由銅鑼灣起步，經筲箕灣、石澳、赤柱、香港仔、堅尼地城、灣仔而環島一周，因此，8 號及 11 號線的巴士總站將改為駱克道，而不是灣仔碼頭。

1961 年 5 月 11 日，中巴在巴士車尾增設路線號碼及名牌。

同一日報載，革新會及公民協會進行檢討後認為，巴士數量不足，上下班時間乘客擠擁，登車難。

1961 年 6 月 23 日，一中巴售票員被控毆打女乘客，在銅鑼灣裁判署法庭，由楊鐵樑法官提訊。

中巴於 6 月 20 日增闢一條 16 號線，派出九座位巴士，行走赤柱與赤柱炮台之間，試辦三個月。

一直以來，巴士售票員的工作頗不易，除售票外，還要負責打鐘停車及開車。發售的車票種類頗多，容易撕錯票，撕錯的車票於巴士到了終點便失效作廢，便要由自己承擔。

直到 1961 年 6 月，中巴共有單層巴士 296 輛。

▲ 由雪廠街西望干諾道中，1962 年。卜公碼頭的後方為設有中環巴士總站的統一碼頭。左下方有一輛 3 號線，往大學堂的「紅番頭」型巴士。

Connaught Road Central, looking west from Ice House Street, 1962. A Guy Arab Mark V bus, serving for Route 3 to University Hall, is on the lower left.

▶ 由維園西望怡和街（中）及左方的禮頓道，約 1962 年。右方的樂聲戲院前，有一輛 2 號線，被稱為「大雞」的雙門大型巴士。

Yee Wo Street (middle) and Leighton Road (left), looking west from Victoria Park, c. 1962. The Roxy Theatre is on the right, with a Guy Arab UF bus serving Route 2 in front of it.

SONY
QUALITY
& SERVICE
BUY
奇異牌
Coca-Cola
BEER
琴浪
LONGINES
CINEMASCOPE

▲ 由怡和街西望軒尼詩道，約 1962 年。正中為著名的金馬車飯店。前方有一輛「白水箱」巴士。右方的一列樓宇現為崇光百貨。

Hennessy Road, looking west from Yee Wo Street, c. 1962. Golden Carriage Restaurant is in the middle, with a 'Tilling-Stevens Express' bus positioned in front of it. The row of buildings on the right is now the site of Sogo Hong Kong.

1962 年 1 月 5 日，一輛載有 50 多名乘客的 2 號線巴士，在鰂魚涌太古船塢圍牆旁之下坡路，腳掣失靈；司機將巴士駛往路邊撞向燈柱將車剎停，化險為夷。當時，馬路上有過千名船塢工人，在牛奶公司太古樓前，若車不剎停而直衝，後果不堪設想。

1962 年 1 月 6 日，中華汽車有限公司上市，接受申請認購，每股面值為 10 元，認購價則為 61 元。超額 36 倍，首日成交價為 70 元。

該公司成立於 1933 年 4 月 28 日，其前身之組織為成立於 1924 年的「中華汽車公司」，其巴士當時在九龍行駛。

1962 年 1 月 23 日，一孕婦在號線香港仔巴士上誕下男嬰。2 月 2 日，一中巴司機無故開慢車，車速一如步行，又無故停車，交通燈轉綠時又不開車，致全程超時逾 15 分鐘，被銅鑼灣法庭楊鐵樑法官判罰 60 元。

同年 2 月 6 日起，部分包括 12 號及 12 號 A 線的巴士總站，遷往上環新填地「平民夜總會」東鄰，永安公司對開的地段。五個月後，2 號線亦遷往。2 月 20 日，將在此加建 1 號及 3 號總站之站台。

同時，呼籲「排隊搭巴士」，港九學生率先響應，部分巴士站已無爭先恐後搭巴士的情景。

3 月 6 日，據統計，港島巴士每天載客 27 萬，九龍及新界共 104 萬。

3 月 11 日起，10 號線巴士總站，由西營盤東邊街，遷往接近皇后大道西的一段正街。

3 月 18 日起，2 號線巴士，由經皇后大道東（金鐘道）改為經夏慤道。

1962 年 4 月 8 日起，中巴決定取消 17 號及 18 號的兩條山頂巴士路線。

▲ 一輛於英皇道近模範邨停站上客的「白水箱」巴士，約 1962 年。左方為麗池大廈。

A 'Tilling-Stevens Express' bus picking up passengers near the Model Housing Estate on King's Road, c.1962. Ritz Garden Apartments is on the left.

▶ 報人「參斧」(鄭郁郎，在香港始創公共關係課程) 在報章上發表巴士沽票員打乘客的評論。

Cheng Yuk-long's comments on newspaper about bus ticket sellers assaulting passengers.

4 月 5 日，清明節，中巴增車行走往香港仔的 7 號巴士路線。

4 月 16 日起，為配合渡輪延長尾班的時間，中巴的 2 號、5 號、5 號 A 及 12 號線，部分尾班車於凌晨 1 時 50 分開出。

同時，為解決上、下班時間的擠迫，中巴增加由 10 號「直通車」行駛的輔助班次，派出車輛來往北角雲華酒店，經中環街市再轉往近德忌利士街天華餐室前的德輔道中。

為解決巴士工人於吃飯時間短促的問題，港九若干巴士總站的茶水部供應煲仔飯，例定每煲為八毫，以消除「食飯要偷鐘」的辛苦。

1962 年 5 月 5 日，介乎學士台及永別亭間的一段長 1,300 百呎的薄扶林道，將予擴闊，以改善該處的彎角。又在已填平的泥頭傾卸處，興建（蒲菲路）巴士總站。稍後，往大學堂的 3 號巴士線，將伸延至該站。

5 月 20 日，17 號及 18 號的兩條山頂巴士線取消後，中巴於這天新闢一條 17 號，由上環急庇利街新填地，經香港仔至淺水灣的新線。又闢一條 18 號，來往淺水灣與南灣之間的新線。

1962 年 5 月 20 日，一輛 2 號巴士的司機、守門員及售票員，與一華籍英軍（水雷炮兵）因購買半票問題而起爭執，事後，巴士職工被十數人行兇毆至重傷。

1962 年 6 月 1 日起，中巴新闢一條 19 號線，來往北角總站至跑馬地蟠龍道，每三分鐘一班。8 月 1 日起，定為永久路線。

1962 年 6 月 6 日，中巴派出一架頭頂設有鐵架，車頭車尾裝有木架，等於雙層巴士的高度及長度的 2 號單層巴士，行走 2 號路線，以測度所經街道上的招牌是否阻礙雙層巴士行走。若有過低者，即由中巴接洽該等店舖，將招牌改高。

巴士沽票員打乘客

參祥

報載，一便衣女警員，乘巴士而被巴士售票員拳打腳踢。法庭上作供[illegible]如繪。結果，法官判售票員罪名成立罰款百元。

這件案，好在原告是便衣女警員，知道如何進行控告。她本人出示証件，就可以拘控該售票員。其次是原告有一女友同行，可以出作證人。

遇了不是便衣女警員的乘客；遇了沒有友人同車的乘客，豈不是啞[illegible]！

所以我們以為中華巴士公司當局一定要正視此[illegible]，嚴格予以禁止，並須採取有效辦法，防止此類事件發生。相信巴士公司當局不能不管束所屬員工，使之對待乘客有禮貌吧（？）

7 月 7 日，市政局再通知部分商戶，將妨礙雙層巴士通過的招牌拆除或改高，最少達十六英尺，包括 2 號、5 號、5 號 A 及 10 號雙層巴士行走所經的街道。

6 月 8 日，港島的第一輛 LOLINE DENNIS III 型雙層巴士由貨輪運到，在灣仔吉列島旁的告士打道登陸。

該巴士往上層的扶梯是設於近車頭處，不如九巴的設於車尾。特色之處是在樓梯的中部，有一面凸身之鏡。

將來駕中巴雙層巴士的司機，待遇比單層巴士司機，高出百份之二十。

6 月 16 日起，中巴之 2 號線巴士總站，由統一碼頭遷至急庇利街，統一碼頭總站改作中途站。

港島之雙層巴士，只有一個門口，是與倫敦行駛之雙層巴士同一類型，每輛價格為港幣 13.5 萬元。1962 年 8 月 20 日，在北角與筲箕灣之間試行，稍後將加緊試行各條路線。

7 月 16 日，排隊候搭巴士即日起在各巴士站實行，可避免巴士上工作人員與乘客間之爭執，以及減低扒手的活躍程度。

同日，一聲「差館夥記」。水雷炮兵（華籍英兵）冒警搭中巴及瞞付車資，兩罪俱發，被判罰 120 元。

8 月 9 日，一男子為省一毫車費，冒稱「夥記」坐霸王中巴，被銅鑼灣裁判署楊鐵樑法官判罰 30 元。

中巴的工會為中華汽車職工會。

8 月 14 日，規定巴士到總站必須落車，以取締乘搭相反方向巴士的乘客無需排隊而取得座位。

1963 年 1 月 21 日，中巴雙層巴士開始行駛，是由急庇利街至筲箕灣的 2 號線。

▲ 約 1960 年，中巴的一毫及二毫車票。

Two CMB tickets, one priced at 10 cents and the other at 20 cents, c. 1960.

▼ 1960 年代初，中巴的二毫及七毫，無號碼的深淺顏色試印票各兩張。

Four sample tickets (without ticket numbers) from CMB, two priced at 20 cents and two priced at 70 cents, early 1960s.

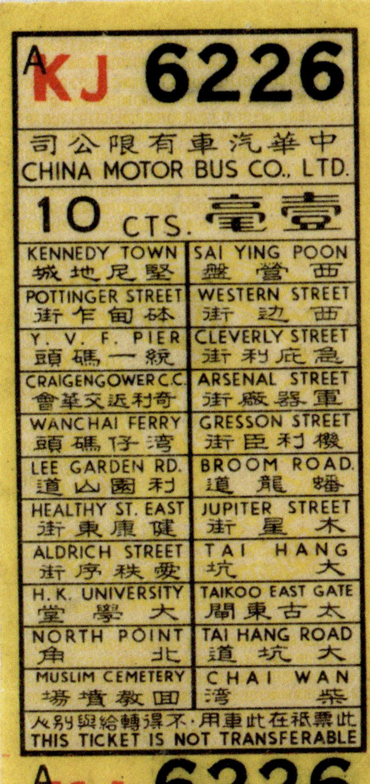
A KJ 6226
中華汽車有限公司
CHINA MOTOR BUS CO., LTD.
10 CTS. 壹毫
KENNEDY TOWN 堅尼地城
SAI YING POON 西營盤
POTTINGER STREET 砵甸乍街
WESTERN STREET 西边街
Y. V. F. PIER 統一碼頭
CLEVERLY STREET 急庇利街
CRAIGENGOWER C.C. 奇利近文華會
ARSENAL STREET 軍器廠街
WANCHAI FERRY 灣仔碼頭
GRESSON STREET 機利臣街
LEE GARDEN RD. 利園山道
BROOM ROAD. 蟠龍道
HEALTHY ST. EAST 健康東街
JUPITER STREET 木星街
ALDRICH STREET 愛秩序街
TAI HANG 大坑
H. K. UNIVERSITY 大學堂
TAIKOO EAST GATE 太古東閘
NORTH POINT 北角
TAI HANG ROAD 大坑道
MUSLIM CEMETERY 回教墳場
CHAI WAN 柴灣
此票祇在此車用·不得轉給與別人
THIS TICKET IS NOT TRANSFERABLE
A KJ 6226

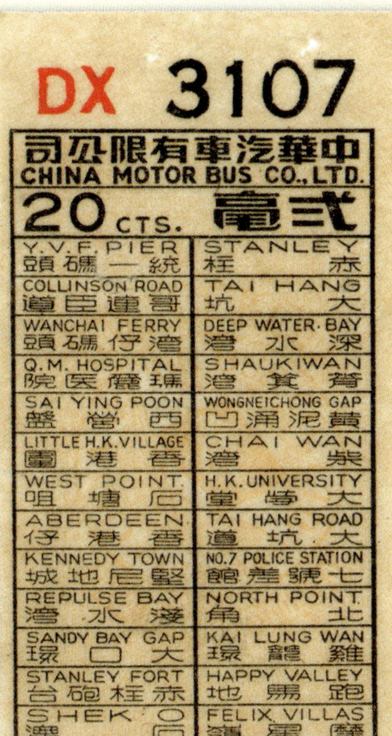
DX 3107
中華汽車有限公司
CHINA MOTOR BUS CO., LTD.
20 CTS. 弍毫
Y.V.F. PIER 統一碼頭
STANLEY 赤柱
COLLINSON ROAD 哥連臣道
TAI HANG 大坑
WANCHAI FERRY 灣仔碼頭
DEEP WATER BAY 深水灣
Q.M. HOSPITAL 瑪麗醫院
SHAUKIWAN 筲箕灣
SAI YING POON 西營盤
WONGNEICHONG GAP 黃泥涌凹
LITTLE H.K. VILLAGE 香港圍
CHAI WAN 柴灣
WEST POINT 石塘咀
H.K. UNIVERSITY 大學堂
ABERDEEN 香港仔
TAI HANG ROAD 大坑道
KENNEDY TOWN 堅尼地城
NO.7 POLICE STATION 七號差館
REPULSE BAY 淺水灣
NORTH POINT 北角
SANDY BAY GAP 大口環
KAI LUNG WAN 雞籠環
STANLEY FORT 赤柱砲台
HAPPY VALLEY 跑馬地
SHEK O 石澳
FELIX VILLAS 摩星嶺
此票祇在此車用不得轉給與別人
THIS TICKET IS NOT TRANSFERABLE

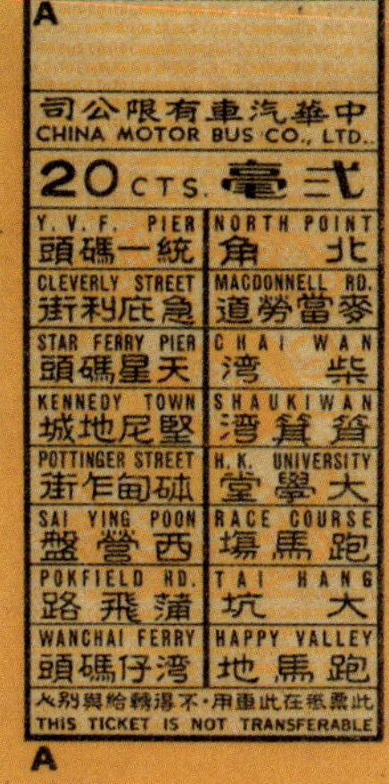
A
中華汽車有限公司
CHINA MOTOR BUS CO., LTD.
20 CTS. 弍毫
Y. V. F. PIER 統一碼頭
NORTH POINT 北角
CLEVERLY STREET 急庇利街
MACDONNELL RD. 麥當勞道
STAR FERRY PIER 天星碼頭
CHAI WAN 柴灣
KENNEDY TOWN 堅尼地城
SHAUKIWAN 筲箕灣
POTTINGER STREET 砵甸乍街
H.K. UNIVERSITY 大學堂
SAI YING POON 西營盤
RACE COURSE 跑馬場
POKFIELD RD. 蒲飛路
TAI HANG 大坑
WANCHAI FERRY 灣仔碼頭
HAPPY VALLEY 跑馬地
此票祇在此車用·不得轉給與別人
THIS TICKET IS NOT TRANSFERABLE
A

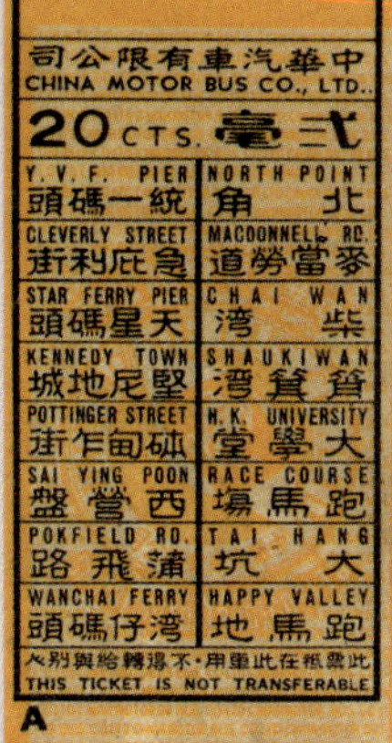
A
中華汽車有限公司
CHINA MOTOR BUS CO., LTD.
20 CTS. 弍毫
Y. V. F. PIER 統一碼頭
NORTH POINT 北角
CLEVERLY STREET 急庇利街
MACDONNELL RD. 麥當勞道
STAR FERRY PIER 天星碼頭
CHAI WAN 柴灣
KENNEDY TOWN 堅尼地城
SHAUKIWAN 筲箕灣
POTTINGER STREET 砵甸乍街
H.K. UNIVERSITY 大學堂
SAI YING POON 西營盤
RACE COURSE 跑馬場
POKFIELD RD. 蒲飛路
TAI HANG 大坑
WANCHAI FERRY 灣仔碼頭
HAPPY VALLEY 跑馬地
此票祇在此車用·不得轉給與別人
THIS TICKET IS NOT TRANSFERABLE
A

1967 年 6 月 23 日，大量港九的巴士司機及售票員和守閘員罷工。市面上交通工具缺乏，無數貨車經改裝後載客，一如戰後的情景，大量九座位之「新界的士」(九人 VAN) 在市區載客行走。政府於 1969 年將其合法化，而成為十四座位的公共小型巴士。

1969 年，中巴開始實施由一人控制上車投入輔幣的巴士，巴士的車頭及車尾懸有「此車由一人控制，乘客請自備角子，車費於上車時繳付」的告示牌。取消了售票和守閘員。司機除負責駕駛外，還負責開關車門及找換毫子之責。在駕駛座的左方，裝有若干行放置不同毫子的木盤，以供找換。

此種巴士被稱為「陰功車」，實施了一段時間，找換服務被取消。

俟後，九巴及電車亦實施一人控制，售票員、守閘員以及巴士和電車車票於 1976 年後消失。

1969 年，中巴的一人巴士有上車入幣之藍白色標誌。而一年後開始實施的九巴，其標誌則為紅黃色。售票制度於 1976 年後全面取消。

1970 年代，兩巴從英國及印度引入大量二手巴士，只有細小的窗口及絨面的座位，夏天乘搭，悶熱不堪。

同時，中巴亦將全部佳牌阿拉伯單層巴士改為雙層，主要用於行走山頂線的巴士。

1973 年，兩巴引入丹拿珍寶雙層巴士，有一行為三座位者，十分擠迫。夏天坐在三座位的中間者，苦不堪言。

▶ 約 1964 年的中環拱北行（現長江集團中心一部分），門前車站旁可見一部大型單層巴士及兩部「紅番頭」巴士。

Beaconsfield House (now part of the Cheung Kong Centre), c. 1964. A large single-decker bus and two Guy Arab Mark V buses are in front of the Beaconsfield House's entrance.

▲ 由畢打街東望皇后大道中，約 1963 年。可見三部駛過右方之泄蘭街的大型及白水箱單層巴士。

Queen's Road Central, looking east from Pedder Street, c. 1963. To the right is Zetland Street, where three single-decker 'Tilling-Stevens Express' buses are passing through it.

▲ 山頂纜車總站（右）及觀景亭（老襯亭），約 1962 年，可見一輛「紅番頭」單層巴士及一輛全紅色之的士。

Peak Tram Terminus (right) and the Peak Pavilion, c. 1962. A single-decker Guy Arab Mark V bus and a fully red taxi can be seen in the picture.

由興隆街望中環街市前的德輔道中，約1962年。右方的山珍酒家前有兩部大型單層巴士，包括後方的一部5號線往大坑者。

Des Voeux Road Central in front of Central Market, looking from Hing Lung Street, c. 1962. Shan Chin Restaurant is on the left, with two large single-decker buses in front of it.

▶ 銅鑼灣高士威道，由現中央圖書館向西望，約 1964 年，可見一輛 2 號線往筲箕灣的大型巴士。中右方為豪華及樂聲戲院。

Causeway Road, looking west from the current Hong Kong Central Library, c. 1964. A large bus on Route 2 (bound for Shau Kei Wan) is on the middle left. Dynasty Theatre and Roxy Theatre are on the middle right.

▲ 由銅鑼灣怡和街東望高士威道，約 1964 年，可見位於邊旁右中部的一輛「白水箱」及左方的一輛大型單層巴士。

Causeway Road, looking east from Yee Wo Street, c. 1964. A 'Tilling-Stevens Express' bus is on the middle right edge. A large single-decker bus is on the left.

▲ 同一地點，約 1965 年。可見兩部雙層及一部單層巴士。

Causeway Road, looking east from Yee Wo Street, c. 1965. Two double-decker buses and one single-decker bus can be seen in the picture.

▶ 攝於「紅番頭」巴士前的車長梁紹桔先生，1967 年的蒲飛路巴士總站。（圖片由梁紹桔先生提供）

Mr. Leung Shiu Kat, a bus captain, in front of a Guy Arab Mark V bus at the Pokfield Road Bus Terminus, 1967.

▼ 約 1974 年，由中環街市西望皇后大道中。正中為第一代蓮香大茶樓，可見一部由一人控制的雙層 7 號線往香港仔的中巴。

Queen's Road Central, looking west from the Central Market, c. 1974. The first generation Lin Heung Teahouse is in the middle, with a CMB Route 7 (a double-decker) in front of it.

▲ 約 1963 年的跑馬地成和道。正中的大牌檔區現時為街市。左方位於 13 號的景生酒家前，有兩部紅番頭單層巴士。

Sing Woo Road, Happy Valley, c. 1963. The dai pai dong in the middle now stands the public market. In front of the King Sang Restaurant on the left, there are two single-decker Guy Arab Mark V buses.

▲ 1970 年代初，由統一碼頭往赤柱的中巴車票。

A CMB ticket for the route from the United Pier to Stanley, early 1970s.

◥ 中巴自動售票機的機售車票，1970 年代初。

A ticket issued from a CMB ticket vending machine, early 1970s.

▼ 170 號線往香港仔巴士的特寫和車長，可見上車投入硬幣的標誌。中巴標誌為藍白色，而九巴的則為紅黃色。（此為黑白照片）

A close-up of a bus on Route 170 (bound for Aberdeen), with a bus captain on the right. (The photo is captured in black and white)

▲ 一輛 170 號線雙層巴士，該路線駛經皇后大道中近水坑口街，由一人控制，上車時投入硬幣，1977 年。正中為文咸東街，左方為老牌有記合燒臘店。

A double-decker bus (with 'one-person operated' coin box system) on Route 170 passing through Queen's Road Central. Bonham Strand is in the middle. Yau Kee Hop roasted and preserved meat shop is on the left.

▶ 約 1974 年的上環。停車場的右方為上環巴士總站及港澳碼頭，旁邊為「平民夜總會」的新填地。這些地段所在於 1985 年建成新港澳碼頭及信德中心。

Sheung Wan, c. 1974. To the right of the parking lot are the Sheung Wan Bus Terminus and the Hong Kong-Macao Ferry Pier, and beyond them lies the reclamation area. These sites were later redeveloped into the new Hong Kong-Macao Ferry Terminal and Shun Tak Centre in 1985.

約 1974 年的灣仔新填地。紅磡海底隧道繞道上可見四部隧道巴士。正中為電訊大廈。

The reclamation area, Wan Chai, c. 1974. Four tunnel buses can be seen passing on the Cross Harbour Tunnel Bypass. The Telecom House is in the middle.

▲ 約 1974 年的灣仔紅隧出入口，一輛中華汽車的隧巴之路線牌下有說明牌「乘客請自備角子上車，車費於上車時繳付」。

Access and exit of the Cross Harbour Tunnel, Wan Chai, c. 1974.

▶ 一輛駛過紅隧的中巴二手古典巴及尾隨的珍寶九巴，約 1975 年。

A second-hand classic bus from CMB, followed by a KMB Jumbo, passing through the Cross Harbour Tunnel, c.1975.

SIEMENS

▲ 約 1975 年的銅鑼灣高士威道，可見三部中巴及九巴。

Three CMB and KMB buses on Causeway Road, Causeway Bay, c. 1975.

▶ 華富邨巴士總站，約 1974 年。（圖片由梁紹桔先生提供）

Wah Fu Estate Bus Terminus, c. 1974.

▲ 一輛在香港仔大道行駛的雙層巴士，約 1975 年。右上方的警署現為「蒲窩」。

A double-decker bus traveling on Aberdeen Main Road, c. 1975. The police station on the upper right has now been transformed into the Warehouse Teenage Club.

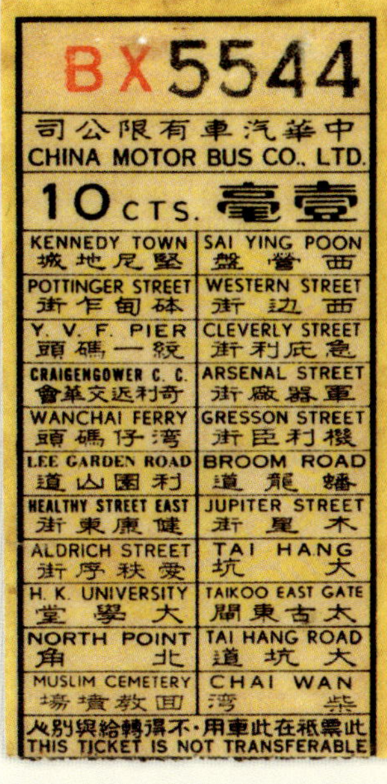

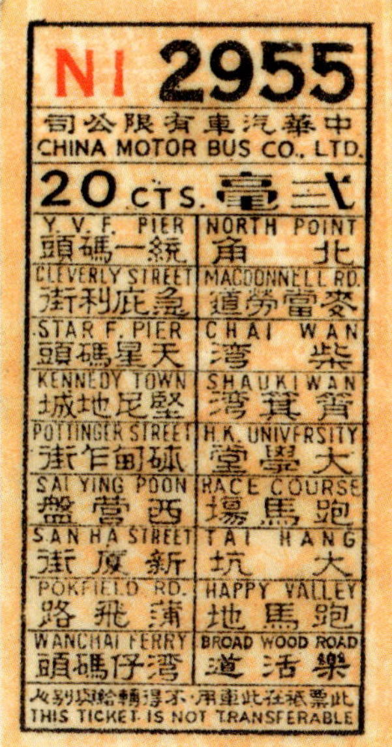

▲ 1960 年代，中巴的一毫及二毫車費車票。

CMB 10-cent and 20-cent tickets, 1960s.

▶ 約 1968 年，中巴的五毫及六毫車費車票。

CMB 50-cent and 60-cent tickets, c. 1968.

▼ 中巴的二毫代用券，1977 年。

A CMB 20-cent fare coupon, 1977.

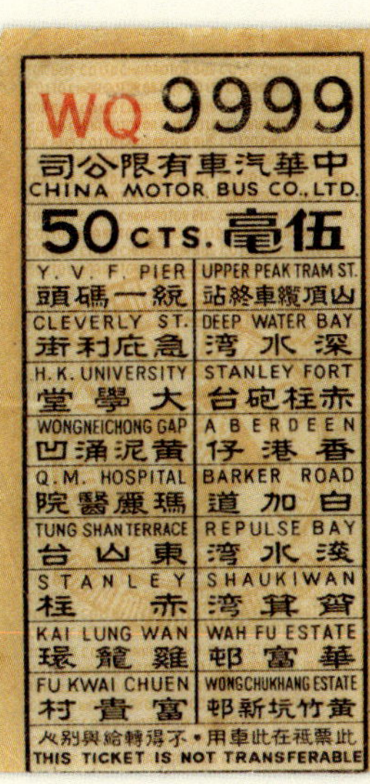

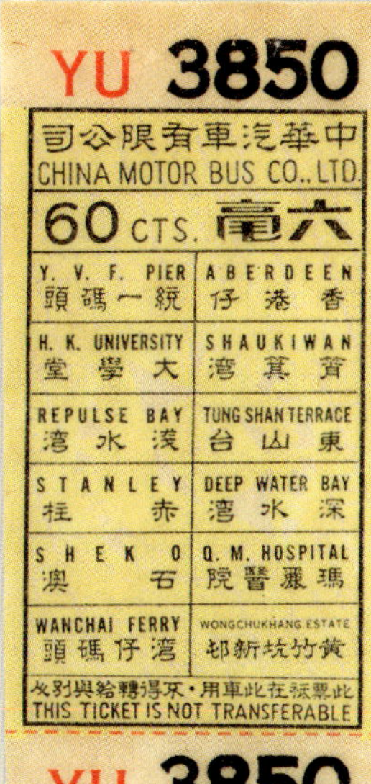

Fare Coupon
代用券
20¢
弍毫
China Motor Bus Co., Ltd.
中華汽車有限公司
Validity: 1.7.77 To 30.9.77
(NOT VALID ON CROSS HARBOUR TONNEL ROUTES)
通用日期：一九七七年七月一日起
至一九七七年九月三十日止
逾期作廢
（過海隧道不通用）
AC№ 066418

十一 中巴及九巴上市

Buses in Kowloon and the New Territories: 1960 – 1962

1960 年 4 月，九巴透過元朗理民府官符禮修，致函屏山、八鄉、錦田、新田、十八鄉、廈村及屯門等各鄉事委員會，指出該公司將增車行走新界各線，請各鄉事委員會介紹司機及售票員。

當時，不少人以「夥記」為藉口而不購票乘霸王車。九巴售票員恐得罪某種人物而不敢查問。該公司派出高級人員登車查問，「霸王」聞風而遁，九巴因而每日增加收入約 1,000 元。

1960 年 5 月 4 日及 10 月 21 日，發生兩宗九巴售票員用打孔鉗擊傷搭客的案件，被裁定傷人罪成立，判簽保守行為兼賠湯藥費 50 元。

6 月 28 日，九巴刊出守閘員須遵守的 29 條規，以及售票員遵守的 50 條規章。

1960 年 9 月 1 日，九巴新增一條 2 號 D 線，由深水埗蘇屋邨至官（觀）塘。同時，2 號線之深水埗欽州街尾站，伸延至蘇屋邨。6 號 A 線，尖沙咀至深水埗營盤街的尾站亦伸延至蘇屋邨。而由佐敦道碼頭至大坑東的 4 號 A 線，大坑東的尾站則延至海壇街。1961 年 2 月 8 日，九巴開兩條新線，包括 11 號 D 線由佐敦道碼頭至新蒲崗，另一為 15 號 B，由佐敦道碼頭至沙田。

▶ 一輛有滙豐銀行廣告的雙層巴士，約 1964 年。

A double-decker bus with an HSBC advertisement, c. 1964.

SAVE!
THE HONGKONG
AND SHANGHAI
BANKING CORPORATION

1961 年 5 月 12 日，九龍汽車（1933）有限公司，發售 78 萬多股，面值 10 元的股票，發售價為 58 元，市民爭相認購，以女傭及工人為多。認購 50 股者僅獲配 10 股。掛牌日，最高成交價為 88 元。

1961 年 6 月 19 日，一華籍英兵乘巴士從荔枝角往深水埗軍營，至分段站時，售票員大叫「一毫飛（票）坐晒！」，但該英兵既不落車，亦不補票，同往深水埗警署理論，遭落案往北九龍裁判署受審，被判罰 10 元。

當年，九巴的載客量為每天 104 萬人。

1962 年 1 月，中華汽車有限公司在香港證券交易所掛牌買賣。

1962 年 3 月 20 日，九巴司機「飛站」，罔顧巴士站候車者揮手而不停車，罪名成立被罰 50 元。此為道路交通則例執行的第一宗。3 月 29 日，另一九巴司機於巴士站十英尺前停車，導致乘客要跑十多尺才能登車，被判罰 15 元。4 月 5 日，清明節，九巴增加巴士行走，主要的由佐敦道碼頭往上水的巴士路線。

1962 年 4 月 12 日，九巴採用鋁質雙層巴士，輕便快捷。全車可坐 75 人，企立 11 人。4 月 16 日起，九巴部分路線，包括 1 號、5 號、6 號、11 號及 13 號線巴士，深夜尾班車開出的時間為 1 時 30 分。

4 月 24 日，一名雙層巴士司機吐苦水，提及每一車程載有近百名搭客，不能「人有錯手」，因為「人命關天」，每天工作更半，即 11 小時半，每月才有 300 多元的收入。除了控製舵盤、腳掣、油門、更要眼觀多面的路面，耳聽八方，以及開車和停車的鐘聲。

5 月 20 日，九巴司機李全，駕駛一滿載乘客的巴士，在清水灣道上巴士失控，他以精湛技術，應付多個危急關頭，然後安全停下，挽回車上乘客的性命。獲公司高層鄧肇堅頒贈金牌。

◥ 約 1971 年尖沙咀碼頭總站的三黃線售票巴士，以及前方的一人控制、「上車入錢」巴士。

A bus marked with 'three horizontal yellow lines' (indicating a bus with a bus conductor) at the Star Ferry Bus Terminus, c. 1971. In front of it, there is a bus featuring a 'one-person operated' coin box system.

▶ 一部柴油火車頭，約 1973 年。右方的梳士巴利道有一部規定車前上車、車尾落車的 5 號雙層巴士。

A diesel locomotive, c. 1973. Salisbury Road is on the right, where a double-decker bus serving Route 5 is visible. Passengers were required to board the bus from the front and alight from the back.

1962年6月26日，在蘇屋邨總站，一名駕駛2號D線巴士的司機，被六、七名大漢毆至重傷。

由1962年4月9日起，九巴1號線，有五部單層巴士，實行「直通車」，上午7時至9時及下午5時至6時半之上下班時間，除太子各站仍埋站停車外，其他道路如梳士巴利道、彌敦道、露明道及亞皆老街等，皆不停站。車頭車尾皆掛有「只停太子道各巴士站」的指示牌。

▲ 多輛行經彌敦道國賓酒店與中間道交界的雙層巴士，約 1965 年。

Several double-decker buses passing through the junction of Ambassador Hotel and Middle Road, c. 1965.

▲ 同一地點的第一、二代雙層巴士，約 1968 年。

First and second generation double-decker buses at the junction of Ambassador Hotel and Middle Road, c. 1968.

▶ 同一地點，約 1973 年，國賓酒店前同年建成喜來登酒店，前方有一輛一人售票的三黃線巴士。

The junction of Ambassador Hotel and Middle Road, c. 1973. Sheraton Hotel on the right. In front of the hotel, there is a bus marked with 'three horizontal yellow lines' (indicating a bus with a bus conductor).

THE IMPERIAL

◀ 1964 年的佐敦道碼頭及左方的巴士總站，以及最左邊的新界的士（小巴的前身）站。

Jordan Road Ferry Pier and the bus terminus (left), 1964. The taxi stand for the New Territories taxis (predecessors of minibuses) is on the lower left.

▲ 佐敦道碼頭，約 1965 年，除第一、二代雙層巴士及「亞比安」單層巴士外，前中部可見一薛頓型單層巴士。

Jordan Road Ferry Pier, c. 1965. Apart from the first and second generation double-decker buses and single-decker Albion buses, there is a single-decker Seddon bus in the lower front.

▶ 約 1972 年的佐敦道碼頭。大部分雙層巴士為一人控制，上層淺黃色，貼上紅黃色上車入錢的標誌。

Jordan Road Ferry Pier, c. 1972. The majority of double-decker buses operated with a 'one-person operated' coin box system.

RADO
MONTBLANC

約 1970 年的油麻地渡輪碼頭（右下及前中），左中部可見全部落成的「八文大廈」，右下方的碼頭後為巴士總站。

Yaumatei Ferry Pier (lower right and lower front), c. 1970. The completed Eight Man Buildings are on the middle left. The bus terminus, which is behind the ferry pier, is on the lower right.

龍如大酒家
中和行
中和參藥
Miramar
JEWELLERY &
MONEY CHANGER

由炮台街望佐敦道，約 1963 年。統一樓酒家之後方為上海街，可見多部雙層巴士。

Jordan Road, looking from Battery Street, c. 1963. Shanghai Street is behind the Tung Yat Lau Restaurant. Several double-decker buses can be seen in the picture.

▲ 由佐敦道北望上海街，約 1962 年。可見一部薛頓型的 15 號 A 單層巴士及兩部第一、二代的雙層巴士。

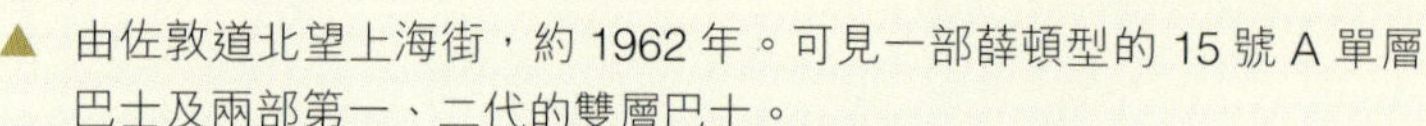

Shanghai Street, looking north from Jordan Road, c. 1962. A single-decker Seddon bus serving Route 15 and two first and second generation double-decker buses can be seen in the picture.

▶ 約 1964 年由佐敦道北望彌敦道，約 1964 年，右方為位於華豐大廈的裕華國貨。前中部可見一部 8 號線的白水箱巴士。

Nathan Road, looking north from Jordan Road, c. 1964. Yue Hwa Chinese Products Emporium Limited, situated in the New Lucky House, is on the right. A 'Tilling-Stevens Express' bus serving Route 8 is in the lower front.

高富石油氣
Gulf
裕華
CHINESE PRODUCTS
新世界大藥房
THE WORLD DRUG CO. LTD
CHEMISTS
Mobil
ANGEL LADIES TAILOR
PENINSULA OPTICAL CO

THE HONG NIN SAVINGS BANK, LTD.
康年
儲蓄銀行
安康寧藥房

◀ 由南京街北望彌敦道，約 1964 年。可見一部 19 號線往上水之單層巴士以及多部雙層巴士。

Nathan Raod, looking north from Nanking Street, c. 1964. A single-decker bus serving Route 19 (bound for Sheung Shui) and several double-decker buses can be seen in the picture.

▼ 1960 年代初的九巴車票，五仙、一毫及二毫，其中的五仙車票頗為少見。

KMB tickets at 5 cents, 10 cents and 20 cents, early 1960s. The 5-cent ticket is notably rare.

▶ 與佐敦道交界的彌敦道，裕華國貨前，約 1969 年。可見一部上層為淺黃色的 2 號線雙層巴士，其背後亦見一部舊型的單層巴士。

Nathan Road in front of Yue Hwa Chinese Products Emporium Limited, c. 1969. A double-decker bus with a light yellow upper deck serving Route 2 can be seen in the picture.

裕華
高富石油氣
宝石雪柜
STAR FERRY 2
AR7576

▲ 約 1960 年的彌敦道，右方為長樂街，正中是大華戲院，可見多部第一、二代的雙層巴士。

Nathan Road, c. 1960. Cheung Lok Street is on the right. The Majestic Cinema is in the middle. Several first and second generation double-decker buses can be seen in the picture.

▶ 約 1960 年的彌敦道。左方為加士居道口的第三代普慶戲院，右方為由平安戲院改建而成的平安大廈，可見四輛第一二代的雙層巴士。

Nathan Road, c, 1960. The third generation Astor Theatre is on the left. The Alhambra Building is on the right. Four first and second-generation double-decker buses can be seen in the picture.

ALHAMBRA
RESTAURANT
& NIGHT CLUB
National
NATIONAL
樂聲牌
家庭電器
梅江飯店
TOM LEE

從大華戲院北望彌敦道，約 1964 年，右方為太平館餐廳及第一代的彌敦酒店，可見多部雙單層巴士。

Nathan Road, looking north from the Majestic Cinema, c. 1964. Tai Ping Koon Restaurant and the first generation Nathan Hotel are on the right. Several single and double-decker buses can be seen in the picture.

酒樓
彌敦酒店
新世界大藥行
Green Spot
永安
THE WING ON CO. LTD.
CHEMISTS
7up
LUCKY STRIKE
Coca-Cola
Kodak
4196
AD 4429

ROYAL

◀ 由旺角弼街望多輛巴士行駛的彌敦道，約 1962 年。由右起為由九巴車廠改建，於 1960 年落成的麗聲戲院。有塔型屋頂的是早期九巴寫字樓的始創行，稍後連同左鄰的原車房改建為凱聲戲院，兩間戲院於 1995 年再改建為始創中心。左中部的東樂戲院所在現為聯合廣場。

Nathan Road bustling with numerous buses, as viwed from Bute Street in Mong Kok, c. 1962. The Royal Theatre (right) was reconstructed from the KMB Depot in 1960. The Prince's Theatre (middle left) has been transformed into the Allied Plaza.

▼ 穿插於石硤尾徙置區的多部雙單層巴士，約 1964 年。左方為巴域街。

Shek Kip Mei resettlement area interspersed with several single and double-decker buses, c. 1964. Berwick Street is on the left.

九龍城馬頭涌道（前）、亞皆老街及太子道（右中）一帶的多部雙單層巴士，約 1965 年。左中部可見同年開業的百好酒樓，其旁的打鼓嶺道口直到現時皆為主要的巴士站。

Numerous single and double-decker buses on Ma Tau Chung Road (front), Argyle Street and Prince Edward Road (middle right), c. 1965. Pak Ho Restaurant is on the middle left.

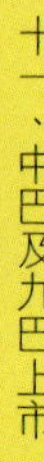

荃灣書店
金喜大
金
喜
王秀珍婦科
上海
同福泰
代理
TSUEN WAN-FERRY
荃灣碼頭
33
Seddon
AR7604

◤ 大埔道（公路）沙田酒店，約 1965 年。其前方泊有一輛薛頓型巴士及一輛舊型大巴士。

Shatin Hotel on Tai Po Road, c. 1965. A Seddon bus and a large old model bus are in front of the hotel.

◀ 位於荃灣區的一輛較新款之薛頓型單層巴士，約 1970 年。

A newer model of a single-decker Seddon bus in Tsuen Wan, c. 1970.

▲ 約 1965 年的元朗，由谷亭街望青山公路（元朗大馬路）。左方為以 16 號來往佐敦道碼頭為主的路線的巴士總站。正中可見一部由青山灣往上水的舊型巴士。

Yuen Long Main Road, looking from Kuk Ting Street, c. 1965. The bus terminus for Route 16 (serving Jordan Road Ferry Pier) is on the left. An old model bus (running from Qing Shan Wan to Sheung Shui) is in the middle.

$18.00
The Kowloon Motor Bus Co., (1933) Ltd.
MONTHLY TICKET FOR
FEBRUARY, 1963
Mr. Loo Yuk
NOT TRANSFERABLE.
Issued subject to the Company's Rules and Regulations.
This ticket is available only
(a) On Bus Routes Nos. 1 to 14 (inclusive).
(b) For the month of issue.
This ticket must, on every journey, be shown to the Conductor and/or Inspector, otherwise full fare will be charged.
Ticket No. 17298

▲ 九巴 1963 年 2 月份的月票。

A KMB monthly ticket for February 1963.

▶ 九巴 1967 年 1 月份的月票。

A KMB monthly ticket for January 1967.

▼ 九巴 1970 年代初的車票兩張。

Two KMB tickets, early 1970s.

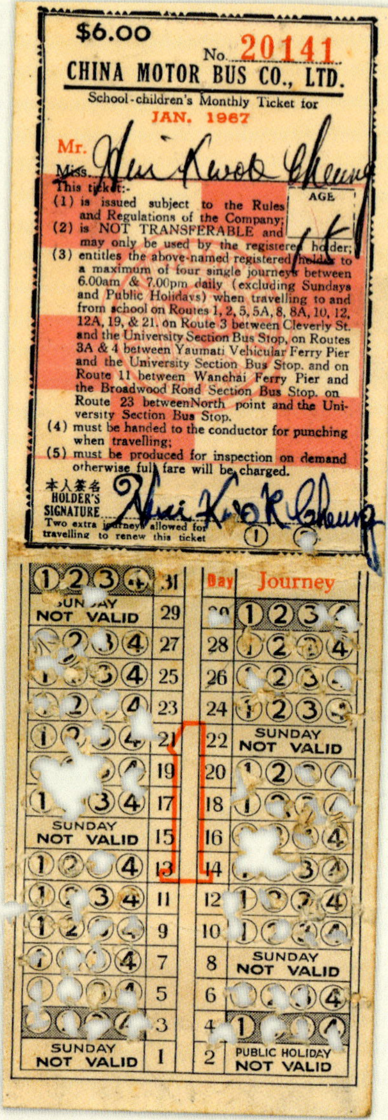
$6.00 No. 20141
CHINA MOTOR BUS CO., LTD.
School-children's Monthly Ticket for
JAN. 1967
Mr. / Miss. Hui Kwok Cheung
AGE 14
This ticket:-
(1) is issued subject to the Rules and Regulations of the Company;
(2) is NOT TRANSFERABLE and may only be used by the registered holder;
(3) entitles the above-named registered holder to a maximum of four single journeys between 6.00am & 7.00pm daily (excluding Sundays and Public Holidays) when travelling to and from school on Routes 1, 2, 5, 5A, 8, 8A, 10, 12, 12A, 19, & 21, on Route 3 between Cleverly St. and the University Section Bus Stop, on Routes 3A & 4 between Yaumati Vehicular Ferry Pier and the University Section Bus Stop, and on Route 11 between Wanchai Ferry Pier and the Broadwood Road Section Bus Stop, on Route 23 between North point and the University Section Bus Stop.
(4) must be handed to the conductor for punching when travelling;
(5) must be produced for inspection on demand otherwise full fare will be charged.
本人簽名 HOLDER'S SIGNATURE Hui Kwok Cheung
Two extra journeys allowed for travelling to renew this ticket

本港新聞

九龍巴士定下月開始
改訂票價發售月票

分頭等三等直通或每段收費

直通：二毫半及二毫，一段：毫半及一毫

月票：成人票廿元學生票每本八元

（本報專訊）昨日九龍巴士公司總經理雷瑞德宣稱：該公司已決於本年二月開始發售月票，即由一號至十三號路線，俱可乘用，成人每個二十元，學生票每本八元，此種票價，只比目前昂一倍，以現在物價衡量，實屬便利市民之措施。

同時該公司又宣佈，各路車票價，亦自二月份起實行更改，計分段取價，頭等每段收費一毫半，三等每段收費一毫，每站如由頭站直駛至尾站，則頭等共收二毫半，三等二毫，凡在中途上車，如搭一段路程者，只能乘至該段之終段一站爲止，分段計開：

由尖沙咀起程者：

第一路（九龍城）北海街，亞皆老街，英皇子道與窩打老道交界處，九龍城尾站。

第二路（深水埗）北海街，亞皆老街，深水埗尾站。

第五路（牛池灣）柯士甸道，九龍船塢大閘前，馬頭角，九龍城及牛池灣。

第六路（荔枝角）北海街，亞皆老街，欽州街，荔枝角尾站。

第七路（九龍塘）北海街，太子道，窩打老道及太子道交界處，九龍塘尾站。

第八路（九龍塘）北海街，亞皆老街，乃殷街，九龍塘尾站。

第九路（牛池灣）北海街，亞皆老街，九龍醫院，九龍城及牛池灣。

第十路（紀念碑）由尖沙咀至佐敦道紀念碑處，一段直通，頭等一毫半，三等一毫。

由佐敦道碼頭起程者：

十一路（九龍城）九龍船塢大閘前，馬頭角，九龍城。

十二路（荔枝角）亞皆老街，欽州街，荔枝角尾站。

十三路（牛池灣）亞皆老街，窩打老道，九龍城及牛池灣。

照以上程序，譬如由尖沙咀乘車三等購票一毫，只能至北海街爲止，如欲由尖沙咀乘車至平安戲院，則以購全程票價爲宜，又新界車費，則暫未更改，但已在入稟請准改訂之中，但截至今日止，仍未接到答覆云。

▲ 九巴改訂票價發售月票的新聞，1949年1月9日。

News of KMB revising ticket prices and selling monthly tickets, 9 January 1949.

十二 香港交通飛躍發展

Development of Bus Transportation in Kowloon and on Hong Kong Island: From the 1970s

1970 年代，車輛大幅增加，加上地下鐵路的興建，多條包括英皇道及彌敦道等的主要幹道，因地鐵工程而縮窄，交通大受影響，引致大塞車。

尤其是中環至東區，以及油麻地、尖沙咀、旺角至美孚一帶，極之嚴重。由太古城至中環，華富邨至中環，往往車程多達一至一個半鐘，大部分上班一族、學生及市民，呆在「熱狗」巴士上，心情焦急，一如熱鍋上的螞蟻，汗如雨下，苦不堪言。

筆者當時居於南區，曾因薄扶林道塞車而於瑪麗醫院站下車，步行往西營盤接駁電車往中環。

巴士公司曾設中環至東區的巴士專線「特快線」，渡輪公司亦設中環至東區，以及中環至美孚等，包括「水上的士」等的快船服務，但幫助不大。

1972 年 8 月 5 日，過海之隧道巴士開始行駛，有包括 101、102 及 103 的三條路線。103 線是主要服務半山及橫頭磡和老虎岩（1974 年易名為「樂富」）的居民者。稍後，增設 105、106、111 及 112 等多條新線。105 線後來改為「905」行走西隧。

1973 年，由和平後訂定的新界及市區之港九巴士車費開始加價，部分市區路線的車資，由兩毫增加至三毫，一直維持至 1977 年。

▲ 1973 年，火車站及天星碼頭「五枝旗杆」前的巴士總站，可見多部三條黃線的雙層巴士。

The Kowloon-Canton Railway Teminal and the Star Ferry Bus Terminus in front of 'Five Flagpoles', 1973. Double-decker buses marked with 'three horizontal yellow lines' can be seen in the picture.

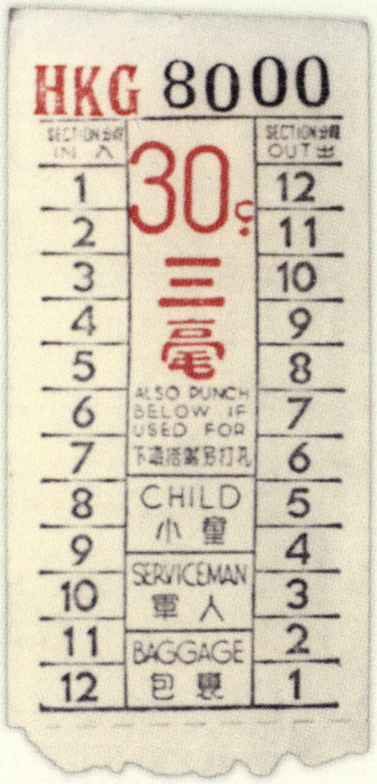

◀ 1970 年代初，九巴市區路線，由二毫升至三毫的車票兩種。

Two types of KMB urban tickets, early 1970s. The fare increased from 20 cents to 30 cents.

1977年，中巴有雙層巴士732輛，單層巴士12輛，共有行車路線70條，由1號至88號。

九巴則有雙層巴士，1,221輛，單層巴士390輛，豪華巴士102輛，總共1,713輛。

九巴的行車路線共159條，包括由1至29號（共58條）的市區路線，30至49號（共29條）的市郊區路線，50至99號（共42條）的新界路線。還有14條隧道巴士線，由101至170號，以及豪華巴士線由200至293號。

1970年代後期，當局決定興建銅鑼灣至愛秩序灣的東區走廊，以及由中區至石塘咀再接駁山道及薄扶林道的架空道路，但工程要五、六年後才完成，遠水不能救近火。

◀ 火車站前的三黃線雙層巴士及一輛亞比安維京型豪華巴士，1975 年。

Double-decker buses marked with 'three horizontal yellow lines' and an Albion Viking coach in front of the Kowloon-Canton Railway Teminal, 1975.

▼ 天星碼頭總站的亞比安維京型豪華巴士，1985 年。（圖片由陳創楚先生提供）

An Albion Viking coach at the Star Ferry Bus Terminus, 1985.

▶ 黃大仙徙置區的多輛「一人控制、上車入錢」的雙層巴士，約 1973 年。

Several double-decker buses (with 'one-person operated' coin box system) in Wong Tai Sin resettlement area, c. 1973.

稍為舒緩的是1980年代初，香港仔和鴨脷洲大橋的通車，加上南風道的改善，大為方便筆者等的南區巴士客。

真正解決問題的是地下鐵路於1979年10月起，陸續通車，塞車嚴重的主要幹道如彌敦道及英皇道等，亦因地鐵工程完成而恢復通暢。稍後，東區走廊通車，加上東區海底隧道和西區海底隧道投入服務，同時，巴士亦由「熱狗」改為「冷氣開放」，乘車體驗大大改善。

1978至1979年間，「上車入錢」乘巴士，因一毫輔幣短缺，而當時「八達通」尚未面世，是當年一大頭痛問題。

隨着港九及新界的飛躍發展，新市鎮開闢不斷，巴士業務不斷擴張。

1993年，26條中華汽車有限公司的巴士專營權，被城巴有限公司接辦，城巴的經營路線亦從此逐漸增加。

1998年，中華汽車有限公司的經營權結束，其經營的路線被新世界第一巴士公司接管。

到了2023年，城巴與新巴合併，港島的巴士線用城巴的名稱繼續經營。

時至今天，港九的巴士服務已經歷115周年，與市民同悲同喜。

◀ 在一輛171號往香港仔中巴，可見號碼牌旁的「上車入幣」標誌，約1975年。

A CMB Route 171 (bound for Aberdeen) showing the 'Pay Upon Board' sign beside the route number, c. 1975.

威格
Wrangler
合式手袋有限公司
PIANO CO. LTD.
廖創興銀行
LAWMAN
Fortress
Crocodile
灣仔

一輛駛經銅鑼灣軒尼詩道的中巴二手巴士，約 1980 年因其窗口特細並配以絨面座位，是名副其實的「熱狗」巴士。

A second-hand bus from CMB passing through Hennessy Road, Causeway Bay, c. 1980. Recognizable by its narrow windows and velour seats, the bus was dubbed the 'hot dog' bus.

▲ 一輛由皇后大道中沿域多利皇后街，駛出干諾道中的中巴 12 號線巴士， 1981 年。右方的消防局現為恒生銀行，其背後是中環街市。（圖片由何其鋭先生提供）

A CMB Route 12 turning off Connaught Road Central, 1981. The fire station on the right is now the location of Hang Seng Bank, with the Central Market situated behind it.

◥ 薄扶林置富花園的巴士總站，可見 37 、 38 等路線的巴士，約 1985 年。

Chi Fu Fa Yuen Bus Terminus, Pok Fu Lam, c. 1985. Buses serving Routes 37 and 38 can be seen in the picture.

▶ 在上環皇后大道中停站的 105 號線，往西環山市街的九巴， 1985 年。 105 號線現時已轉為途經西隧的 905 號線。

A KMB Route 105 (bound for Sands Street in Sai Wan) at the bus stop on Queen's Road Central, Sheung Wan, 1985.

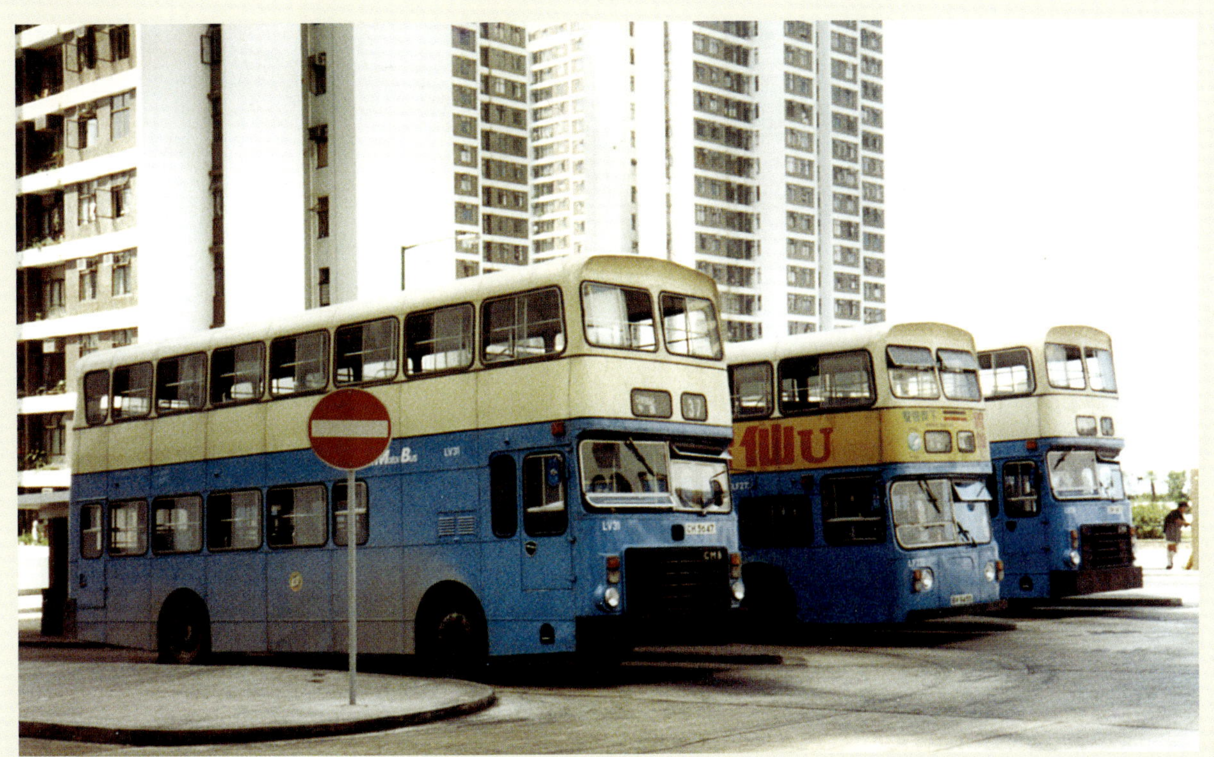

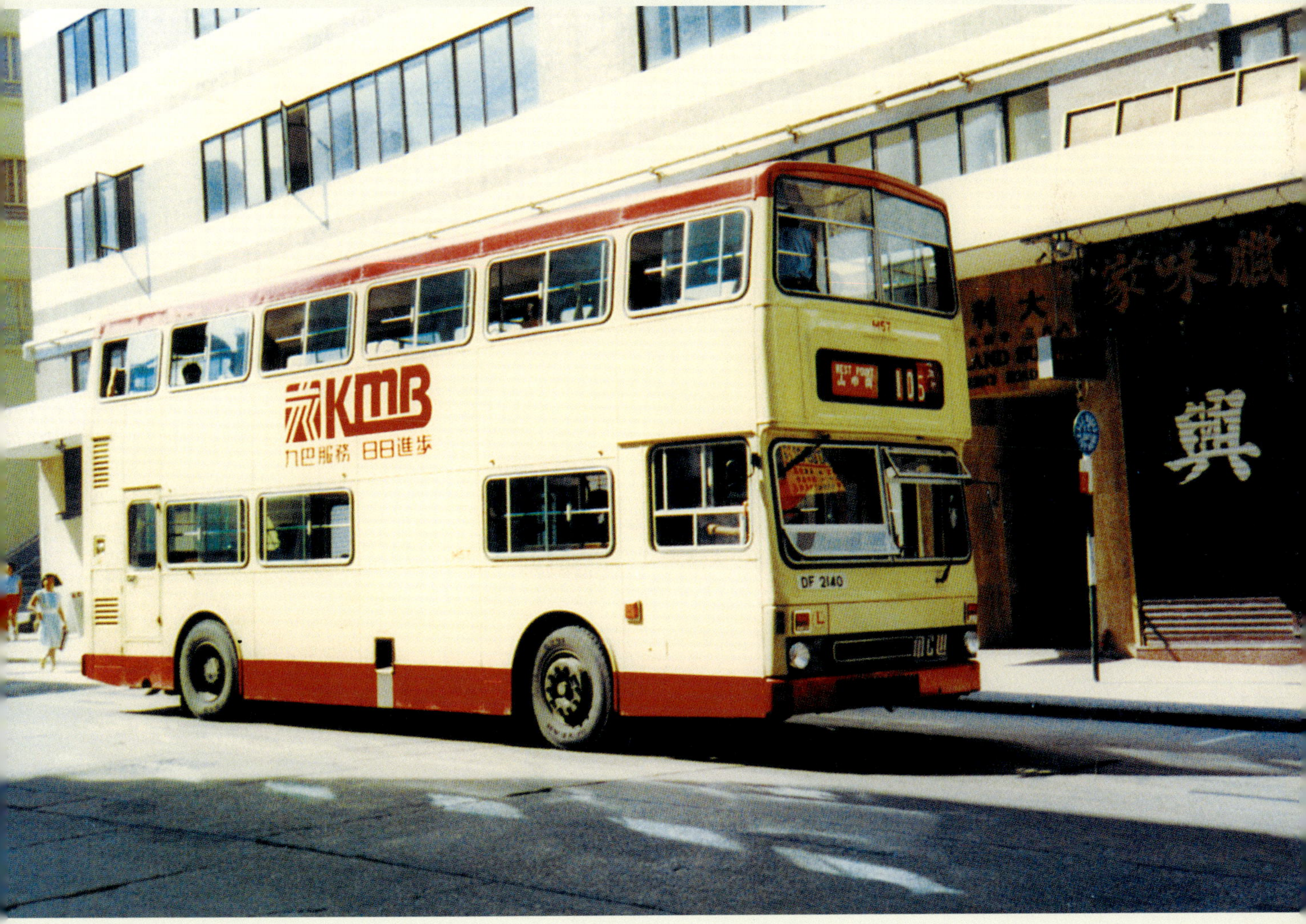
KMB
九巴服務 日日進步
105
DF 2140

▲ 在中環海面，一部作為巴士之補充的「水上的士」渡輪，右方為一艘雙層汽車渡輪，1985 年。

A ferry serving as a ‘water taxi’ (to complement bus services) in Central. A double-decker vehicular ferry is on the right.

◀ 約 1985 年，仍為「在野」的城巴，經營穿梭天星碼頭與山頂纜車站之間的接駁巴士。

A Citybus operated as a shuttle bus running between the Star Ferry Pier and the Peak Tram Terminus, c. 1985.

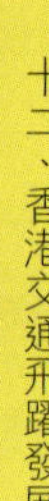

▼ 東區走廊及北角邨廉租屋宇，約 1990 年。正中為北角巴士總站。

Island Eastern Corridor and North Point Estate (pulic housing estate), c. 1990. North Point Bus Terminus is in the middle.

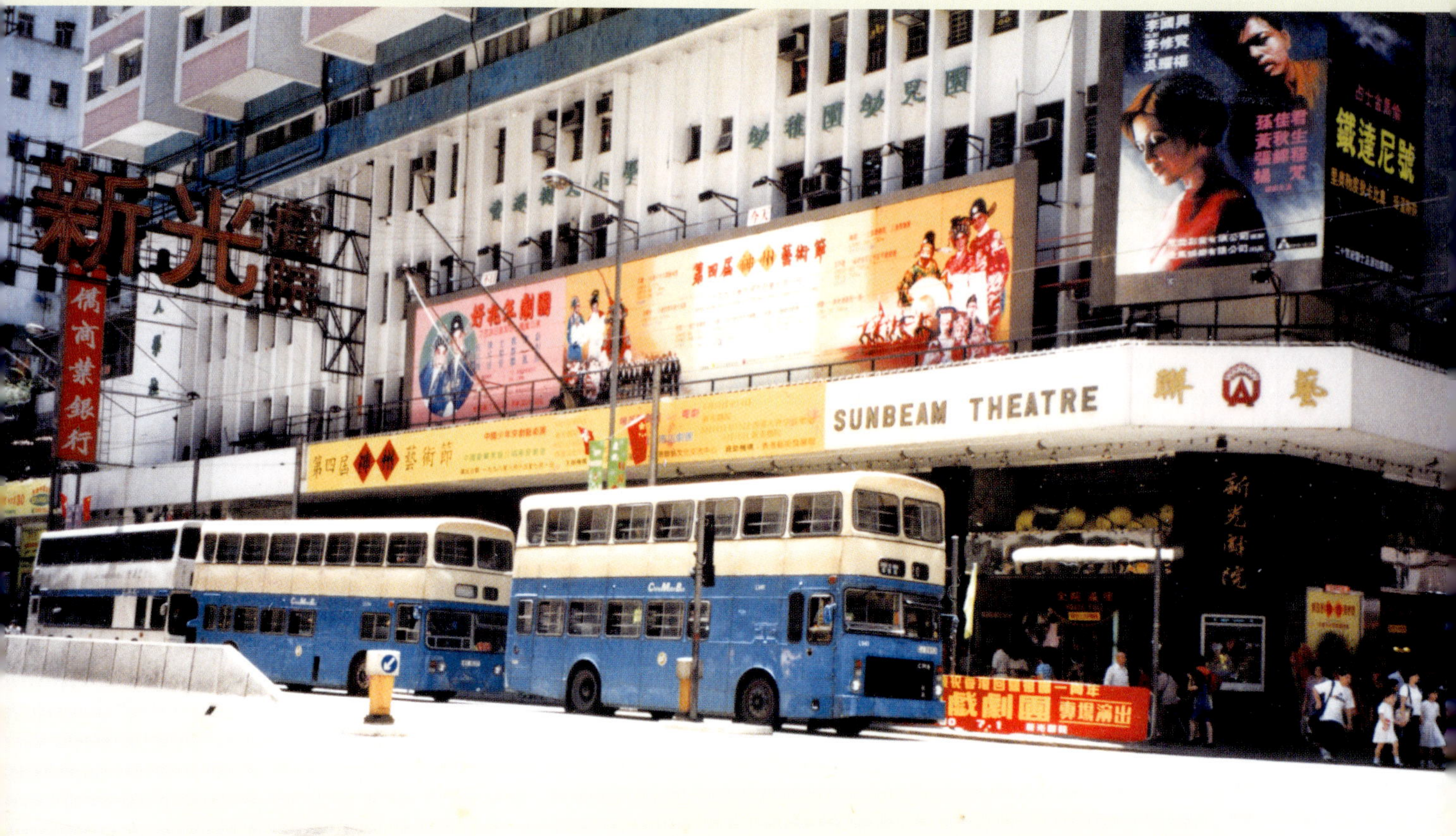

新光
僑商業銀行
第四屆 藝術節
SUNBEAM THEATRE
鐵達尼號

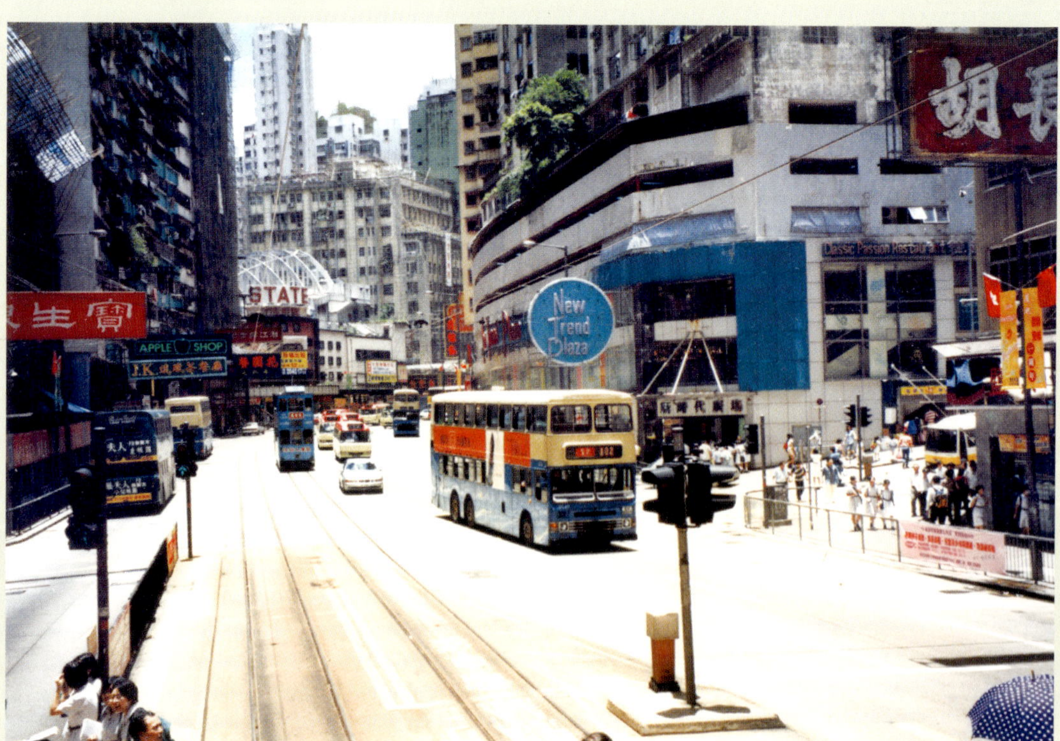

STATE
APPLE SHOP
New Trend Plaza

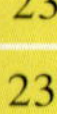

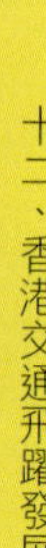

◀ 三部經過北角英皇道新光戲院的中巴，1998 年。

Three CMB buses passing through the Sunbeam Theatre on King's Road, North Point, 1998.

◣ 一輛在英皇道駛過炮台山道的 102 號往美孚的中華巴士，1998 年。

A CMB Route 102 (bound for Mei Foo) passing through Fortress Hill Road, 1998.

▼ 在渣華道北角邨北角總站 23 號往蒲飛路及 65 號往赤柱的中巴，1998 年。

A CMB Route 23 (bound for Pokfield Road) and a CMB Route 65 (bound for Stanley) at North Point Estate Bus Terminus on Java Road, 1998.

▲ 駛經皇后大道中近嘉咸街的中巴 104 號隧道巴士，左方為中環街市，1998 年。

A tunnel bus on Route 104 passing through Queen's Road Central near Graham Street, 1998. Central Market is on the left.

▼ 駛經皇后像廣場的中巴及隨後的城巴，1998 年。右上方可見中巴及城巴的站牌。

A CMB bus passing through the Statue Square, followed by a Citybus, 1998. Bus stop signs for CMB and Citybus are on the upper right.

▲ 一輛經過干諾道中近大會堂的 47 號線，往華富邨的中巴，1995 年。

A CMB Route 47 passing through the City Hall on Connaught Road Central, 1995.

◥ 德輔道中與文華里交界的 18 號線中巴，以及 5 號 B 線的城巴，1998 年。

A CMB Route 18 and Citybus Route 5B at the intersection of Des Voeux Road Central and Man Wa Lane, 1998.

▶ 中環街市前皇后大道中，一輛往華富邨的 504 號線中巴，1998 年。

A CMB Route 504 (bound for Wah Fu Estate) on Queen's Road Central, in front of the Central Market, 1998.

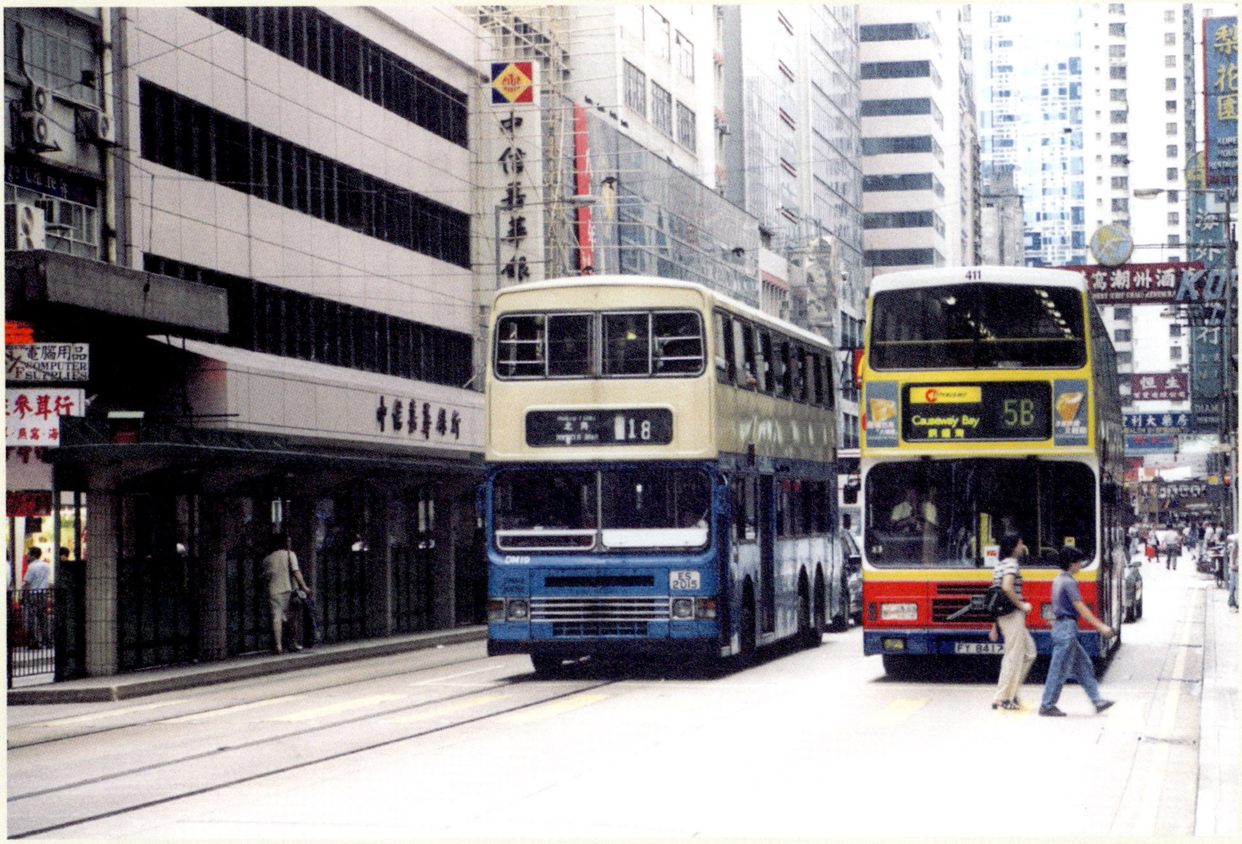
411
18
Causeway Bay
5B

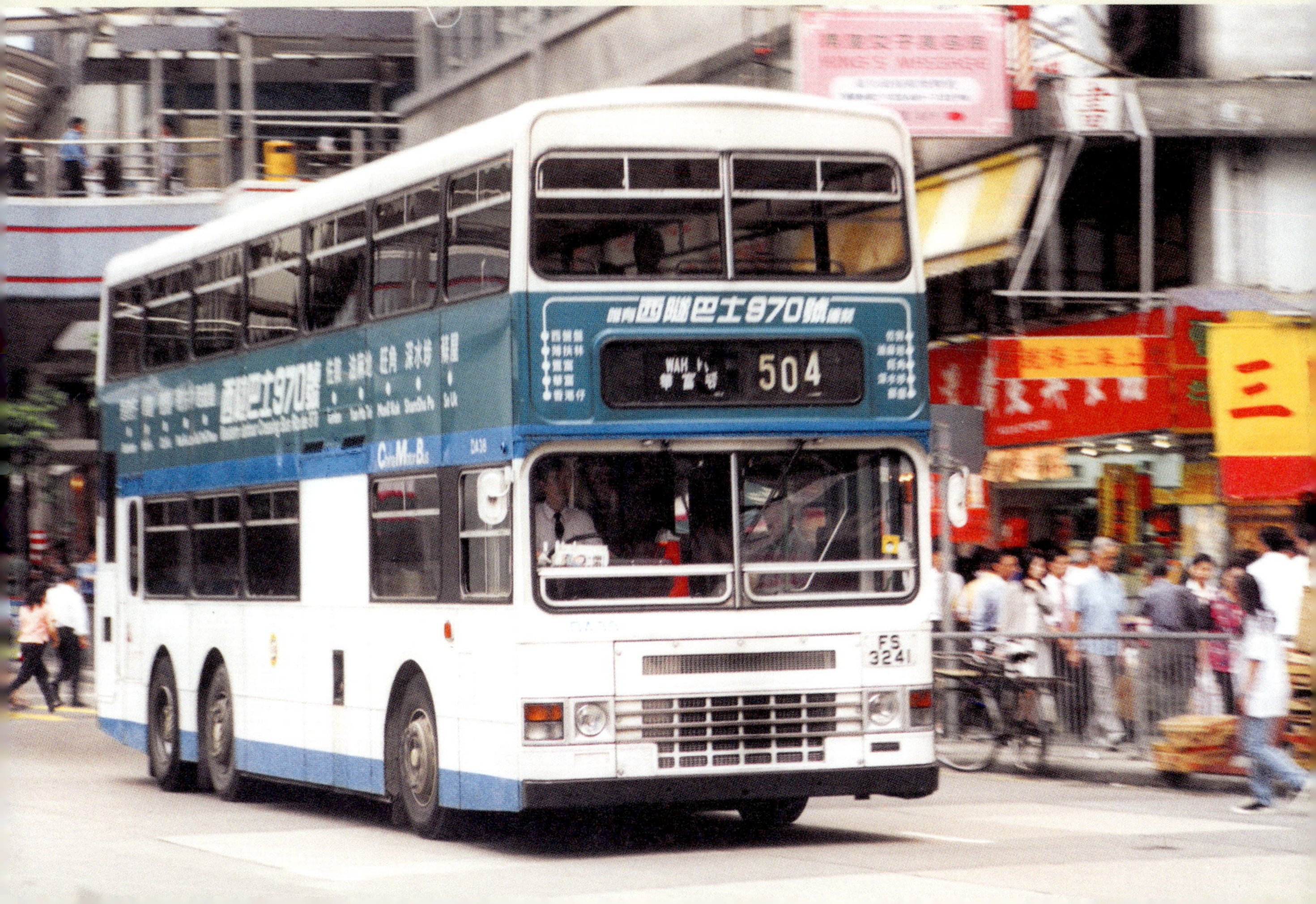
西隧巴士970號
504
FS
3241

▲ 在德輔道中林士街站上落客的 111 號線往坪石的中巴，亦可見城巴及新巴（新世界第一巴士服務有限公司）的站牌，1998 年 8 月，新巴於同年 9 月 1 日，接辦中巴的路線。

Citybus Route 111 (bound for Ping Shek) at Rumsey Street bus stop on Des Voeux Road Central, along with bus stop signs for Citybus and New World First Bus Services Limited (NWFB), August 1998.

▶ 一輛經過大口軒尼詩道的城巴，2002 年。城巴於 1993 年經營中巴的 26 條巴士路線。

A Citybus passing through Hennessy Road, 2001. Citybus took over 26 franchised bus routes in 1993, which were initially operated by CMB.

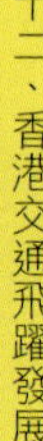

165
88R
Central

▶ 金鐘道與紅棉路交界的兩部城巴，2007 年。

Two Citybuses at the intersection of Queensway and Cotton Tree Drive, 2007.

奧運2008
2008 OLYMPICS
VISA
88R

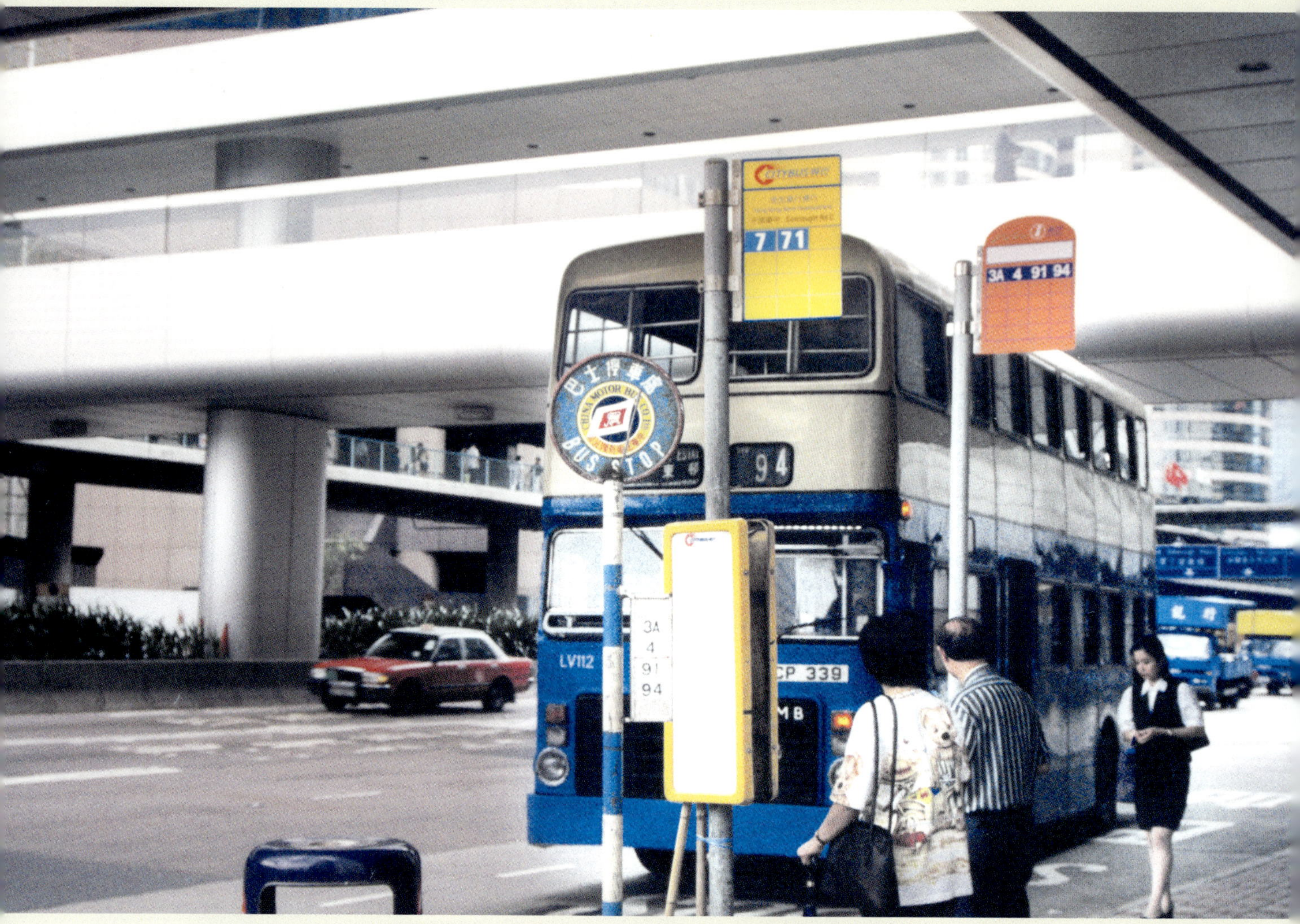

13 23 23A 23B
43
3B 12 12M
40 40M 103
23B
CMB

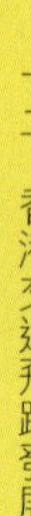

◤ 干諾道中，恒生銀行前的巴士站，1998 年 8 月，可見中巴、城巴，以及即將接管中巴路線之新巴的站牌。

A bus stop in front of Hang Seng Bank on Connaught Road Central, August 1998. Bus stop signs for CMB, Citybus and NWFB can be seen in the picture.

◀ 1998 年 8 月，停於堅道近卑利街車站的一輛 23 號 B 線，往柏道的中巴。上方可見橙色的「新巴」路線牌。

A Citybus Route 23B (bound for Park Road) near Peel Street bus stop on Caine Street, August 1998. An orange NWFB bus stop sign is on the upper left.

▲ 華富邨華翠樓前的一部城巴單層巴士，約 2005 年。

A single-decker Citybus in front of Wah Tsui House in Wah Fu Estate, c. 2005.

▲ 由炮台街望佐敦道，1995年。正中可見一部「死火」的中巴，以及兩部九巴的「熱狗」巴士。

Jordan Road, looking from Battery Street, 1995. A brokedown Citybus (middle) and two KMB 'hot dog' buses can be seen in the picture.

亞
銀
行
Alliance Française de Hong Kong
皇都賓館
ROYAL CAPITAL HOTEL
Mobil P-Gas

1992 年的佐敦道碼頭，可見多部包括被稱為「熱狗」（不設空調）的巴士。

Jordan Road Ferry Pier, 1992. Multiple buses, known as 'hot dog' buses, can be seen in the picture.

KMB
4A
KMB

7
LOK FU
2
5C

▲ 尖沙咀彌敦道九巴的新舊巴士，1995 年，左方的瑞興公司大廈現為彩星中心。

Old and new KMB buses on Nathan Road, Tsim Sha Tsui, 1995. Shui Hing House on the left, which is now the current location of Prestige Tower.

◤ 佐敦道碼頭巴士總站，可見多輛九巴的「熱狗」巴士。

Several KMB 'hot dog' buses at Jordan Road Ferry Bus Terminus.

◀ 尖沙咀天星碼頭前，九巴的新舊巴士，1998 年。

Old and new KMB buses in front of the Star Ferry Pier, Tsim Sha Tsui, 1998.

▲ 一輛泊於中環的中巴，1998 年 8 月。背後為興建中的長江中心。

A Citybus parked in Central, August 1998. Cheung Kong Center, which was under construction is situated to the rear right.

▲ 在怡和大廈前停站的中巴，惟 CMB 的字樣及商標已被包括「新巴」等的招貼遮蓋。前方的電燈桿有九龍皇帝曾灶財的「御筆」墨寶。1998 年 9 月 1 日。

A CMB bus at the bus stop in front of Jardine House, 1 September 1998. The name and trademark of CMB were covered by bus advertising, with 'NWFB' markings present. The lampposts displays the calligraphy of the 'King of Kowloon', Tsang Tsou-choi.

▲ 華富邨總站的新巴，約 2007 年。

NWFB buses at Wah Fu Bus Terminus, c. 2007.

▶ 2002 年，北角邨巴士總站的新巴與城巴，到了 2023 新巴被城巴兼併，正是：再受禪依樣畫葫蘆，風水輪流轉。

NWFB and Citybus at the North Point Estate Bus Terminus, 2002. NWFB operations was merged into Citybus in 2023.

茶
樓
太平
PACIFIC RADIO C
皇上
康樂酒樓
Sansui
山水
PHILCO
NORTHWEST ORIENT
發
合

第五章

其他陸上交通

Chapter 5 Other Land Transports

十三

公共小型巴士

Public Light Buses

1959 年，當局決定發出行走新界各區的「小型巴士」牌照。此種巴士僅可接客往來新界至九龍半島各區，但不可在九龍半島區內自由接客，每車以九座位為限，於 1960 年 10 月 27 日開始行走。此類小型巴士亦被稱為「在新界行走之計程汽車（的士）」。

此類牌照限額為 150 輛。1960 年 1 月 5 日，有 30 多名車商申請。

1965 年，約有 580 輛「新界的士」在新界行走，一年後，增至 607 輛。

1967 年中，港九各交通工具大罷工期間，大量的九座位的新界的士（被稱為「九人 VAN」客貨車），以至由貨車改裝的客車在市區行走，有甚至載客 20 多人者，警方亦採取放任的態度。

1968 年，港府宣佈暫不取締九人的士，其他「九人 VAN」仍在港九兩地及新界行走。

1969 年，憲報公佈「公共小型巴士」經營規則。9 月 1 日，正式宣佈公共小型巴士經營規則，準備發出 5,000 個牌照。

▶ 由花墟一帶望太子道，約 1965 年。右下方可見一部有「黑白格」的新界的士，此乃公共小型巴士的前身。

Prince Edward Road, looking from the Flower Market, c. 1965. A New Territories taxi with black and white checkers, which serves as predecessors to the public light buses, is on the lower right.

KONG HILTON

1970 年，已領有牌照的 14 座位公共小型巴士共有 3,784 輛。

1977 年，港九共有公共小型巴士 4,350 輛。為了候客，往往在主要道路上做成交通阻塞，當局增設小巴禁區以疏導。當局又擴展專線小巴的專線數目，擬在港島增加 33 條，九龍 32 條，新九龍區 16 條。

1978 年 5 月 19 日，運輸處邀請車商承運 11 條小巴新線（綠色專線小巴）。

1987 年，專利巴士公司擬採用 26 座位之中型巴士行走部分路線，引起小巴的不滿。當局暫緩批准，事件才告緩和。

同時，小巴亦申請將座位由 14 人增至 16 人。

現時，大部分公共小型巴士為綠色的專線小巴，座位已增至 19 個。

約 1971 年金鐘道與花園道交界，可見三部 14 座位的公共小型巴士，以及兩部「後有拖車」的電車。

The intersection of Queensway and Garden Road, c. 1971. Three fourteen-seat public light buses and two trams with trailers can be seen in the picture.

皇上
康樂酒樓
茶樓
太平
PACIFIC RADIO C
SEASONAL FABRIC CO
Sansui
山水
發
合
AP 9908

由中環街市西望德輔道，約 1969 年。第一茶樓前有三部公共小巴。

Des Voeux Road, looking west from Central Market, c. 1969. There are three public light buses are in front of Dai Yat Teahouse.

▲ 軒尼詩道上的公共小巴，1992 年。右方為克街。

A public light bus on Hennessy Road, 1992. Heard Street is on the right.

▶ 上環皇后大道中的公共小巴，1992 年，其前方為中央大廈旁的禧利街。正中為荷李活道 110 號的《華僑日報》。這一帶的地盤現為荷李活華庭屋苑。

Two public light buses on Queen's Road Central, Sheung Wan, 1992. The office building of Wah Kiu Yat Po (at 110 Hollywood Road) is in the middle.

髮型設計
FRANKI

PUBLIC LIGHT BUS

▲ 士丹利街陸羽茶室附近的公共小巴，1995 年。為了廣告的安排，車腰的「紅帶」即將移上車頂。

Public light buses near Luk Yu Tea House on Stanley Street, 1995.

▲ 一輛駛經堅道，接近鴨巴甸街的綠色專線小巴，2010 年。

A green minibus passing through Caine Road, 2010.

十四 大嶼山巴士

Lantau Buses

1958 年 5 月 18 日，一大型躉船，載運第一輛巴士往梅窩，引致數百人圍觀。路線行走梅窩至長沙，期望稍後可抵石壁。

兩天後進行試車，隨車出發者有交通警司摩理遜、董事長鄧肇堅、經理雷瑞德、雷瑞熊及稽查王霖等。（按：原為基層售票員的王霖，一直晉升至九巴公司的公關經理，於 1978 年獲港督麥理浩委任為立法局議員，是第一位來自草根階層的非官守議員。）

1960 年，九龍汽車（1933）有限公司，開辦由梅窩至石壁的路線。

大嶼山的石壁水塘於 1964 年落成，大嶼山的交通亦變得繁忙。可是，九龍汽車（九巴）卻於 1965 年停辦大嶼山的路線，由「大嶼山巴士公司」接辦。1973 年 7 月 22 日，大嶼山巴士墮崖，釀成 17 死 23 傷的慘劇。

1960 年代末，大嶼山的道路和交通陸續改善，該公司亦開闢抵達羌山和大澳的路線。到了 1977 年，擁有 45 輛巴士及若干輛雙層巴士每日平均載客 5,500 人。同年，改用「新大嶼山巴士公司」的名義經營。先前，該公司曾向中巴借用一輛行走山頂及半山和郊區的雙層巴士作試驗性行駛。

▶ 大嶼山巴士及巴士站，1982年。（圖片由梁紹桔先生提供）

Lantao Bus and the bus station, 1982.

◀ 一輛泊於華富邨的機場快線城巴，1998年。（圖片由梁紹桔先生提供）

A Citybus' Cityflyer parked at Wah Fu Estate, 1998.

1990年代中，其所經營的路線包括：梅窩至大澳、昂坪、東涌、塘福、石壁及背（貝）澳，以及大澳至昂平、東涌至昂坪等路線。巴士所經的地帶，於1970年代起，已成為熱門的旅遊區。

1997年3月21日，九巴的姊妹公司龍運巴士有限公司成立，提供北大嶼山和機場的巴士服務，進一步為各區市民提供交通便利。

參考資料 Reference

香港政府憲報 1874-1941 年

《循環日報》1874-1886 年

《華字日報》1895-1941 年

《星島日報》1938-1990 年

《華僑日報》1940-1990 年

《華僑日報》編印：《香港年鑑》1947-1980 年

鳴謝 Acknowledgement

何其鋭先生

巫羽階先生

吳貴龍先生

梁紹桔先生

陳創楚先生

麥勵濃先生

香港大學圖書館

責任編輯　林雪伶
裝幀設計　趙穎珊
排　　版　高向明　趙穎珊
印　　務　龍寶祺
翻　　譯　官俊軒

香港巴士百年光影——從公眾電機車、街坊汽車到巴士

The Centennial Journey of Hong Kong Buses:
From Public Motor Cars and Neighbour Vehicles to Buses

作　　者　鄭寶鴻
出　　版　商務印書館（香港）有限公司
香港筲箕灣耀興道 3 號東匯廣場 8 樓
http://www.commercialpress.com.hk
發　　行　香港聯合書刊物流有限公司
香港新界荃灣德士古道 220-248 號荃灣工業中心 16 樓
印　　刷　寶華數碼印刷有限公司
香港柴灣吉勝街勝景工業大廈 4 樓 A 室
版　　次　2025 年 7 月第 1 版第 1 次印刷

ISBN 978 962 07 4719 9
Printed in Hong Kong